INTERCAMBIOS
SPANISH FOR GLOBAL COMMUNICATION

Worksheet Portfolio

JAMES M. HENDRICKSON
Lexington Community College

Readings by:
KAREN JEAN MUÑOZ
Florida Community College

Country Profiles by:
RUBÍ BORGIA

HEINLE & HEINLE PUBLISHERS
BOSTON, MASSACHUSETTS 02116 U.S.A

Grammar Worksheets

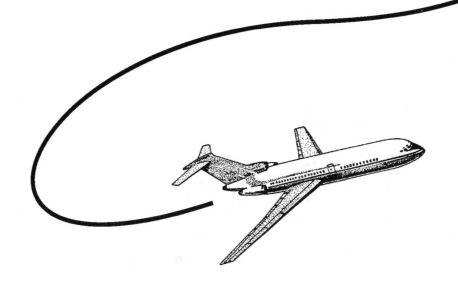

LECCIÓN 1

DEFINITE AND INDEFINITE ARTICLES

A. Las capitales.   Match the following capitals with their countries using appropriate definite articles, according to the example.

Ejemplo: Beijín _____ China
Beijín es la capital de la China.

1. Moscú _____ Salvador

2. Manila _____ Argentina

3. Washington _____ Filipinas

4. San Salvador _____ Estados Unidos

5. Buenos Aires _____ Unión Soviética

B. Dos conversaciones.   Complete the following conversations with appropriate definite articles.

1. DAWN: —Me llamo Dawn Osmond. Soy de _____ Estados Unidos.

   RAMÓN: —Me llamo Ramón Salamanca. Soy de _____ Salvador.

   DAWN: —Mucho gusto, Ramón.

   RAMÓN: —_____ gusto es mío.

2. ALICIA: —¿De dónde es Ud.?

   JENDRA: —Soy de _____ India. ¿Y tú?

   ALICIA: —Soy de _____ Argentina.

   TANYA: —Y yo soy de _____ Unión Soviética.

C. Personas famosas. Complete the following sentences with an appropriate indefinite article.

1. Marcel Marceau es _____ cómico francés.

2. Isabel Allende es _____ autora chilena.

3. Fidel Castro es _____ presidente cubano.

4. García Márquez es _____ autor colombiano.

5. Gabriela Sabatini es _____ tenista argentina.

6. Nelson Mandela es _____ político africano.

7. Carl Sagan es _____ profesor norteamericano.

D. Personas y productos. Complete the following sentences with appropriate definite or indefinite articles.

1. _____ líderes del mundo son responsables.

2. _____ presidente de Francia es inteligente.

3. _____ presidenta de _____ Filipinas es interesante.

4. _____ café de Colombia es delicioso.

5. Kiwi es _____ fruta de Nueva Zelanda.

6. _____ papaya es _____ fruta tropical.

7. _____ teléfonos de Taiwán son fantásticos.

8. _____ computadoras del Japón son excelentes.

9. _____ autos de Corea son prácticos y buenos.

10. _____ bicicletas de Italia son maravillosas.

LECCIÓN 1

AMPLIACIÓN
G2

HOW TO USE DEFINITE ARTICLES IN SPANISH

The four different forms of the definite article in Spanish are: **el, los, la** and **las**. These definite articles all mean *the* in English, and have a variety of uses.

1. To single out a specific person, place or thing.

   La niña es mi hija.   *The girl is my daughter.*

2. To express generalities.

   El español es fácil.   *Spanish is easy.*
   La vida es muy corta.   *Life is very short.*
   Me gustan **los** tacos.   *I like tacos.*

3. To refer to people with titles (except when addressing them directly).

   El profesor Vargas es alto.   BUT: *Buenas tardes, **profesor Vargas.***
   La doctora López es buena.   BUT: ***Doctora López,** ¿cómo está Ud.?*

4. To refer to certain countries.

   el Perú   **el** Brasil   **el** Uruguay
   la China   **el** Ecuador   **el** Paraguay
   la India   **El** Salvador   **la** Unión Soviética
   el Japón   **la** Argentina   **los** Estados Unidos

5. To express certain time expressions.

   Vamos **el** domingo.   *We are going on Sunday.*
   Vamos **los** domingos.   *We go on Sundays.*
   Vamos todos **los** domingos.   *We go every Sunday.*
   Es **la** una.   *It's one o'clock.*
   Son **las** dos.   *It's two o'clock.*

6. To refer to parts of the body.

   Abra **la** boca, por favor.   *Open your mouth, please.*
   Saque **la** lengua, por favor.   *Stick out your tongue, please.*

7. To refer to articles of clothing.

   Voy a quitarme **la** camisa.   *I'm going to take off my shirt.*
   Voy a poner **el** pijama.   *I'm going to put on my pajamas.*

8. Contractions of the definite article.

   In Spanish, the preposition **de** and the definite article **el** combine to form the contraction **del**; the preposition **a** and the definite article **el** combine to form the contraction **al.**

   Vamos **al** cine ahora.   *We're going to the movies now.*
   El papá **del** niño está aquí.   *The boy's father is here.*

PRACTIQUEMOS

Complete the following sentences with the correct form of the adjectives in each list.

1. grande / primero / ciento

George Washington fue el _____ presidente de los Estados Unidos. Hoy día Washington, D.C. es una _____ ciudad con más de _____ monumentos _____ dedicados a hombres y mujeres de la historia de aquel _____ país.

2. alguno / grande / tercero

_____ día, México, D.F, capital de la República Mexicana, será la ciudad más _____ del mundo. Hoy día México es un país del _____ Mundo con más de veinte millones de habitantes. Esta sobrepoblación es un _____ problema porque no hay suficiente agua potable ni trabajo para todos los residentes del país.

3. alguno / grande / ninguno

No queda _____ país del mundo sin problemas _____; simplemente, _____ países tienen más problemas que otros. _____ país puede existir solo; es interdependiente con los países vecinos que forman sus fronteras. Las _____ naciones del mundo son así porque tienen líderes democráticos con una visión del futuro.

LECCIÓN 3

EXTENSIÓN
G6

PRESENT TENSE OF REGULAR VERBS

A. Personas ocupadas.   Describe what the following people do during the week.

Ejemplo: yo / hablar por teléfono
Yo hablo por teléfono.

1. yo / trabajar mucho

   _____

2. yo / estudiar español

   _____

3. yo / aprender mucho en mis clases

   _____

4. mi amigo(a) / tocar el clarinete

   _____

5. mi amigo(a) / escribir muchas cartas

   _____

6. mi profesor(a) / recibir muchas cartas

   _____

7. mis amigos / caminar a la universidad

   _____

8. mis profesores / hablar mucho por teléfono

   _____

9. mis amigos y yo / comer en la cafetería

   _____

10. mis amigos y yo / bailar todos los sábados

    _____

B. Dos amigos. Complete the following paragraph and conversation by writing in the appropriate forms of the verbs in parentheses.

Ejemplo: Violeta y Jorge (vivir) _____*viven*_____ en la Ciudad de México.

Violeta (estudiar) _____ biología en la universidad. Ella y su amigo Jorge (hablar)

_____ en español o en inglés. Él no (hablar) _____ inglés bien,

pero lo (comprender) _____ más o menos bien. Ellos (comer) _____

juntos en la cafetería de la universidad; (comer) _____ sándwiches, tacos y

enchiladas, y (tomar) _____ Coca-Cola o café. En la cafetería Violeta y Jorge

(hablar) _____ sobre sus clases y sus profesores:

—El inglés es difícil, Violeta, pero tú lo (hablar) _____ muy bien.

—Pero tú lo (comprender) _____ bien, Jorge.

—Lo (comprender) _____ más o menos bien, sí, pero hablarlo... ¡imposible!

—Nuestro profesor de inglés (hablar) _____ bien, ¿verdad?

—Sí, pero él (hablar) _____ muy rápido en clase, Violeta. No me gusta.

—¡Pesimista! Nosotros (aprender) _____ mucho inglés en nuestra clase.

—Tú (aprender) _____ mucho, yo no. ¡Ahora vamos a comer!

C. ¿Y usted?   Answer the following questions in complete sentences.

Ejemplo: ¿Come Ud. mucho o poco?
              Como poco.

1. ¿Estudia Ud. mucho o poco? _____

2. ¿Aprende Ud. mucho o poco español? _____

3. ¿Comprende Ud. español muy bien o no muy bien? _____

4. ¿Habla Ud. español muy bien o un poco? _____

5. ¿Escribe Ud. muchas o pocas cartas? _____

6. ¿Recibe Ud. pocas o muchas cartas? _____

7. ¿Baila Ud. con mucha o con poca frecuencia? _____

8. ¿Camina Ud. mucho o poco durante la semana? _____

9. ¿Trabaja Ud. poco o mucho todos los días? _____

10. ¿Estudia Ud. mucho o poco los fines de semana? _____

LECCIÓN 3

PRESENT TENSE OF ESTAR, IR AND DAR

A. ¿Qué van a hacer?   Describe what the following people are going to do, according to the example below.

Ejemplo: Hoy Tomás estudia física; mañana _____*va a*_____ estudiar inglés.

1. En la mañana tomo café; en la tarde _____ tomar té.

2. Aprendo mucho en clase; _____ aprender más cada día.

3. Hoy comemos en casa; mañana _____ comer en un café.

4. Vivo con mis padres ahora; en un año _____ vivir solo(a).

5. Ahora tomas dos cursos; en febrero _____ tomar tres cursos.

6. Hoy bailamos aquí; el sábado _____ bailar en otra ciudad.

7. Ahora Éster toca el piano; el domingo _____ tocar el órgano.

8. Hablo inglés muy bien; pronto _____ hablar español muy bien.

9. Ahora mi amiga no canta bien; pero con el tiempo _____ cantar mejor.

10. Escribo dos cartas hoy y mañana _____ escribir dos más.

B. Dos amigas. Complete the conversation below with appropriate forms of **estar**, **ir** and **dar**.

BERTA: —Hola, María. ¿Cómo _____?

MARÍA: —Muy bien. ¿Y tú, Berta?

BERTA: —Hoy _____ un poco cansada.

MARÍA: —¿Cómo _____ tus padres?

BERTA: —Mi papá _____ enfermo, pero mi mamá _____

bien.

MARÍA: —¿Adónde _____ ahora?

BERTA: —_____ a comer. ¿Te gustaría _____ conmigo?

MARÍA: —No, gracias. Ahora _____ a estudiar.

BERTA: —¿_____ a _____ ocupada el sábado?

MARÍA: —No, ¿por qué?

BERTA: —_____ a _____ una fiesta y te invito.

MARÍA: —Ay, sí, me gustaría _____. ¡Muchas gracias!

LECCIÓN 3

USE OF SER AND ESTAR

A. ¿Ser o estar?   Complete the following short conversations with appropriate forms of the verbs **ser** or **estar**.

1. RAMÓN: —¿Cómo _____ tu familia?

    LINDA: —_____ muy bien, gracias.

2. ANITA: —¿Cómo _____ , Ricardo?

    RICARDO: —_____ bastante bien.

3. MIGUEL: —¿Cómo _____ Dawn Osmond?

    MARÍA: —Ella _____ muy simpática.

4. JORGE   —¿Cómo _____ tú?

    DAWN: —¿Yo? _____ inteligente.

5. DAWN: —¿Dónde _____ la fiesta?

    LINDA: —_____ en mi casa.

6. GERARDO: —¿Dónde _____ Chile?

    DIEGO: —_____ en Sudamérica.

    GERARDO: —¿Cuál _____ la capital de Chile?

    DIEGO: —_____ Santiago. _____ una ciudad bonita.

7. LUIS: —¿Dónde _____ tus padres ahora?

    ANA: —Mi mamá _____ en Miami y mi papá _____

      en París.

    LUIS: —¿Cómo _____ ellos?

    ANA: —_____ muy bien, gracias.

B. Luciano Caruso. Complete the following paragraph with appropriate forms of the verbs **ser** or **estar.**

Luciano Caruso _____ un estudiante italiano que ahora _____

en Monterrey, México, donde estudia ingeniería. Luciano _____ alto y delgado,

y también _____ muy inteligente. Hoy _____ viernes y Luciano

_____ en la biblioteca de la universidad. Él _____ un poco cansado

porque estudia mucho para sus exámenes. Pero mañana _____ sábado y Luciano

va a una fiesta, que _____ en la casa de una amiga.

LECCIÓN 3

CHANGE OF MEANING WITH SER AND ESTAR + ADJECTIVE

Some Spanish adjectives can be used with either **ser** or **estar**, depending on what one wants to communicate. Compare the following pairs of sentences and the meaning.

¿Cómo **es** usted?   *What are you like? (physical features)*
¿Cómo **está** usted?   *How are you? (physical or emotional state)*

Eres listo, Tomás.   *You're smart, Tomás. (personality trait)*
¿**Estás** listo, Tomás?   *Are you ready, Tomás? (emotional state)*

Papá, **eres** guapo.   *Dad, you're handsome. (physical feature)*
Papá, ¡**estás** guapo!   *Dad, you look handsome! (physical state)*

Mis abuelos **son** ricos.   *My grandparents are rich. (physical feature)*
Estos tacos **están** ricos. *These tacos are delicious. (physical state)*

Estoy enferma hoy.   *I'm sick today. (physical state)*
¡Pero no **soy** enferma!   *But I'm not sickly! (physical feature)*

Mi tía **es** aburrida.   *My aunt is boring. (personality trait)*
Siempre **está** aburrida.   *She's always bored. (emotional state)*

Jorge **es** casado.   *Jorge is a married man. (physical feature)*
Jorge **está** casado.   *Jorge is married. (emotional state)*

PRACTIQUEMOS

Write the correct form of either **ser** or **estar,** depending on the context of the conversations.

1. TOÑO: —¿Cómo _____ la familia, Juan?

   JUAN: —Todos _____ bien, gracias.

   TOÑO: —¿Y tu abuela? ¿Cómo _____?

   JUAN: —Todavía _____ un poco enferma.

   TOÑO: —Ay, pobrecita.

2. CARLA: —Me gustaría conocer a tu amigo, Eduardo. ¿Cómo _____?

   BERTA: —Eduardo _____ alto, _____ listo y

   _____ generoso.

   CARLA: —¿_____ rico?

   BERTA: —Sí y no. No _____ rico con mucho dinero, pero sí

   _____ rico porque tiene mucha compasión.

   CARLA: —¿Y _____ casado Eduardo?

   BERTA: —No, ¡todavía _____ soltero!

3. JUANA: —¡Qué bonito _____ tu auto, Hilda!

   HILDA: —Gracias. Era el auto de mi esposo.

   JUANA: —¿Cómo? No comprendo. ¿Qué pasó?

   HILDA: —Él y yo _____ divorciados ahora.

   JUANA: —No, ¡por Dios! ¿Por qué, Hilda?

   HILDA: —Él cree que yo _____ muy aburrida.

   JUANA: —Y yo creo que él _____ aburrido con la vida.

Lección 4

PRESENT TENSE OF IRREGULAR VERBS

Querida profesora... Complete Dawn's letter to her American Spanish instructor by writing the appropriate form of the verbs in parentheses.

Ejemplo: Ahora [yo] (estar) _____*estoy*_____ en Cuernavaca, México.

Querida profesora,

[Yo] (estar) _____ muy bien. ¿Cómo (estar) _____ Ud.? Aquí mis

estudios (ir) _____ muy bien. Mis profesores (ser) _____ excelentes

e interesantes y aprendo mucho de ellos.

[Yo] (hacer) _____ muchas cosas los fines de semana. Los sábados por la

mañana Inés, una amiga mexicana, y yo (ir) _____ a un centro deportivo donde

[nosotras] (hacer) _____ ejercicio en una clase. [Nosotras] (saber)

_____ que el ejercicio físico (ser) _____ muy importante. Después,

Inés (ir) _____ a su casa y yo (ir) _____ a la Plaza de Armas, que

(estar) _____ en el centro de Cuernavaca. Por la noche [yo] (salir)

_____ con mis amigos; [nosotros] (ir) _____ al cine o a un café.

Los domingos [yo] (ir) _____ a la Catedral Santa María, que (estar)

_____ en el centro. [Yo] (salir) _____ de mi casa a las 8:30 porque

la misa (ser) _____ a las 9:00. [Yo] (conocer) _____ al padre

Contreras, que (ser) _____ uno de los padres que celebra la misa en la Catedral.

Por la tarde no [yo] (hacer) _____ mucho: me gusta (estar) _____

con mi familia.

Ahora [yo] (ir) _____ a estudiar para mi clase de español. Cada día [yo]

(saber) _____ un poco más de español.

Afectuosamente,

Dawn

LECCIÓN 5

AMPLIACIÓN
G14

ADDITIONAL STEM-CHANGING VERBS

Common **e > ie** verbs:

cerrar	*to close*
empezar	*to start, to begin*
entender	*to understand*
perder	*to lose*
sentir	*to regret*

Common **o > ue** verbs:

contar	*to tell, to count*
costar	*to cost*
encontrar	*to meet, to find*
recordar	*to remember*
morir	*to die*

Common **e > i** verbs:

reír	*to laugh*
repetir	*to repeat*
sonreír	*to smile*

PRACTIQUEMOS

A. Entre amigos.   Complete the following conversations with the correct forms of the verbs in parenthesis.

1. KAZI: —Mario, ¿_____ (entender) [tú] mi español?

    MARIO: —Sí, [yo] te _____ (entender) muy bien.

2. KAZI: —Alicia, ¿cuánto _____ (costar) ir en autobús a la universidad?

    ALICIA: —No _____ (recordar), pero [yo] _____ (pensar)

    que _____ (costar) más o menos diez colones.

3. ALICIA: —¿A qué hora _____ (cerrar) los bancos aquí?

    KAZI: —No sé. [Yo] lo _____ (sentir) mucho, Alicia.

4. MARIO: —Kazi, ¿cuándo _____ (empezar) las clases?

    KAZI: —No sé. Tú _____ (poder) preguntarle a Alicia.

B. En clase. Complete las siguientes oraciones con la forma correcta de los verbos en las listas indicadas.

1. **cerrar / empezar / perder / entender**

   Mi clase de español _____ a las 10:00. Mi profesora habla rápidamente y yo

   _____ un poco. _____ mi libro cuando escucho a mi profesora,

   pero a veces, _____ la concentración.

2. **morir / costar / encontrar / sentir / recordar / contar**

   MARCOS: —¿Cuánto _____ tus libros de español?

   ISABEL: —Lo _____. Ahora no _____.

   MAESTRA: —¿_____ Uds. que tenemos un examen hoy?

   ALUMNO: —¡No! Hoy [yo] _____ después de tomar el examen.

   MAESTRO: —Mañana les _____ una historia interesante, niños.

   ALUMNOS: —¿Dónde lo _____ [nosotros] a Ud. mañana, profesor?

   MAESTRO: —Uds. me _____ en la biblioteca de la escuela.

3. **reír / repetir / decir**

   Mi profesora de español _____: —Repita Ud. y yo _____.

   Mis amigos y yo _____ a veces cuando _____ mal lo que

   _____ ella.

LECCIÓN 5

USE OF SE WITH VERB FORMS

¡Bienvenida Sonia!   Now Sonia has arrived in Costa Rica, and she asks Mario a few questions about his country. Complete their conversation using **se** and the correct form of the verb in parenthesis.

Ejemplo: SONIA: —¿Cómo _____*se hacen*_____ amigos en Costa Rica? (hacer)

MARIO: — _*Se va*_____ a una fiesta. (ir)

1. SONIA: —¿Cómo _____ a la Universidad de Costa Rica? (llegar)

MARIO: —_____ en autobús, pero es más rápido ir en taxi. (ir)

2. SONIA: —¿Qué idiomas _____ aquí? (hablar)

MARIO: —Oficialmente, _____ español, pero _____ mucho

inglés también. (hablar)

3. SONIA: —En Costa Rica, ¿cómo _____? (saludar)

MARIO: —Pues, entre amigos _____ abrazos. (dar)

4. SONIA: —¿Qué plato típico _____ en Costa Rica? (comer)

MARIO: —Hay muchos. Por ejemplo, _____ plátanos fritos. (comer)

5. SONIA: —¿Qué deportes _____ aquí? (jugar)

MARIO: —_____ mucho al fútbol, pero también _____ al

béisbol y al tenis. (jugar)

Lección 5

Present Progressive Tense

A. Amigos ocupados. ¿Qué están haciendo las siguientes personas en este momento?

Ejemplo: Kazi: estudiar en la biblioteca
Kazi está estudiando en la biblioteca.

1. Mario: jugar con el pequeño Tito

_____

_____

2. Kazi y Alicia: estudiar en la biblioteca

_____

_____

3. Mis amigos: trabajar y estudiar mucho

_____

_____

4. Mis compañeros de clase y yo: pensar en inglés

_____

_____

5. Yo: escribir un ejercicio en español

_____

_____

B. Una familia ocupada.   ¿Qué están haciendo Mario y las otras personas de su familia a la hora indicada?

Ejemplo: Ángela camina al colegio por la mañana.
           7:00   *Ángela está caminando al colegio.*

1. Tito juega con su perro Frosti cada mañana.

   8:00 _____

   _____

2. Yolanda y Andrés vuelven a casa para almorzar.

   13:30 _____

   _____

3. Normalmente, la familia Velarde almuerza a las 2:00 de la tarde.

   14:00 _____

   _____

4. Mario sale con sus amigos los viernes por la noche.

   Viernes, 20:00 _____

   _____

5. Cada noche, Diego y Raquel leen en el sofá.

   21:00 _____

   _____

6. A veces, Ricardo escribe cartas muy tarde.

   23:00 _____

   _____

Lección 6

EXTENSIÓN G17

PRESENT TENSE OF REFLEXIVE VERBS

La rutina diaria. Complete las siguientes oraciones con formas apropiadas de los verbos entre paréntesis.

Ejemplo: Mario ___*se despierta*___ a las 7:30. (despertarse)
¿A qué hora ___*te despiertas*___ tú?
Yo ___*me despierto*___ a las ___*7:00*___ .

1. Tito _____ a las 8:00. (acostarse)

   ¿A qué hora _____ tú?

   Yo _____.

2. A veces, Kazi _____ con dificultad. (dormirse)

   ¿ _____ tú fácilmente o con dificultad?

   Yo _____.

3. Alicia _____ a las 7:00. (levantarse)

   ¿A qué hora _____ tú?

   Yo _____.

4. Yolanda _____ cansada por la mañana. (sentirse)

   ¿Cómo _____ tú por la mañana?

   Yo _____.

5. Isabel _____ y Ricardo _____ . (bañarse/ducharse)

   ¿Prefieres _____ o _____ por la mañana?

   Yo prefiero _____.

6. Raquel _____ elegantemente los domingos. (vestirse)

   ¿Cómo _____ tú los domingos?

   Yo _____.

7. Mario _____ mirando la tele. (divertirse)

   ¿Cómo _____ tú?

   Yo _____.

LECCIÓN 6

AMPLIACIÓN
G18

REFLEXIVE AND NON-REFLEXIVE VERBS

1. You can use some Spanish verbs both reflexively and non-reflexively. Notice how the reflexive pronoun changes the meaning in the following sentences.

bañar	*to bathe*	Yolanda va a **bañar** a su niño Tito.
bañarse	*to take a bath*	Después, ella va a **bañarse** también.
despertar	*to awaken*	Andrés no quiere **despertar** a Tito.
despertarse	*to wake up*	Andrés **se despierta** muy temprano.
dormir	*to sleep*	**Duermo** bien toda la noche.
dormirse	*to fall asleep*	**Me duermo** mirando la televisión.
enojar	*to anger*	A veces, Isabel **enoja** a su esposo.
enojarse	*to get angry*	A veces, Isabel **se enoja** con él.
ir	*to go*	Mario y Elena **van** a visitar Orosí.
irse	*to go away*	**Se van** el domingo por la mañana.
llamar	*to call*	Alicia **llama** por teléfono a su amiga.
llamarse	*to be named*	Ella **se llama** Kristine Natasha Chung.
lavar	*to wash*	El Sr. Sáenz **lava** su auto los sábados.
lavarse	*to wash up*	El Sr. Sáenz **se lava** por la mañana.
poner	*to put*	Ingrid **pone** el pijama en su dormitorio.
ponerse	*to put on*	Ella **se pone** el pijama cuando se acuesta.
quitar	*to take*	Andrés **quita** el suéter de la silla.
quitarse	*to take off*	Cuando hace calor, **se quita** el suéter.
vestir	*to dress*	Yolanda **viste** a Tito por la mañana.
vestirse	*to get dressed*	Luego, ella se baña y **se viste**.

2. When **lavarse, ponerse** and **quitarse** are used with parts of the body or with articles of clothing, use the definite article **(el, la, los, las)** to express possession.

Isabel está lavándose **los** dientes.   *Isabel is brushing **her** teeth.*

Mario está poniéndose **el** pijama.   *Mario is putting on **his** pajamas.*
but: No está poniéndose **tu** pijama.   *He's not putting on **your** pajamas.*

3. You can use reflexive pronouns to express **one another** and **each other**.

Yolanda y Andrés **se conocen** bien y **se quieren** mucho.
Yolanda and Andrés know one another well and love each other a lot.

B. Dos amigas. Complete el siguiente diálogo y el comentario, usando las formas apropiadas del pretérito de los verbos entre paréntesis.

INÉS: —Ana, ¿a qué hora _____ (llegar) [tú] a casa anoche?

ANA: —_____ (llegar) a las 11:30.

INÉS: —¿Cómo _____ (divertirse) ayer?

ANA: —En la tarde _____ (sacar) muchas fotos y _____

(jugar) al vólibol con algunos amigos. Después, _____ (dormir)

una buena siesta. Y tú, Inés, ¿a qué hora _____ (llegar) a casa

y cómo _____ (divertirse)?

INÉS: —Anoche yo _____ (llegar) a las 11:00. En la tarde

_____ (jugar) a las cartas con dos amigas y _____

(tocar) el piano. Después, _____ (comenzar) a leer una buena

novela.

ANA: —¿Qué novela _____ (leer)?

INÉS: —_____ (leer) un poco de *Cien años de soledad* por García Márquez.

Anoche Inés y Ana _____ (llegar) a casa un poco tarde. Ana _____

(llegar) a las 11:30 e Inés _____ (llegar) a las 11:00. Las dos amigas

_____ (divertirse) mucho en la tarde. Ana _____ (sacar) fotos y

_____ (jugar) al vólibol. Después, ella _____ (dormir) una siesta.

Inés _____ (jugar) a las cartas y _____ (tocar) el piano. También

ella _____ (leer) un poco de una novela de García Márquez.

LECCIÓN 7

AMPLIACIÓN
G21

PRESENT PERFECT INDICATIVE

Spanish speakers use the present perfect indicative tense to describe what has and has not happened.

A. How to form the present perfect
The present perfect is composed of the present tense form of **haber** (to have) and the past participle of a verb.

Present of **haber** + past participle (of **vivir**)

yo	**he**		*I have*	
tú	**has**		*you have*	
Ud./él/ella	**ha**	**vivido**	*you have, he/she has*	*lived*
nosotros(as)	**hemos**		*we have*	
vosotros(as)	**habéis**		*you have*	
Uds./ellos/ellas	**han**		*you/they have*	

B. How to form past participles
1. To form a past participle, add **-ado** to the stem of **-ar** verbs and **-ido** to the stem of **-er** and **-ir** verbs.

	VERB	VERB STEM	PAST PARTICIPLE	MEANING
-AR	trabaj**ar**	**trabaj**	trabaj**ado**	*worked*
-ER	aprend**er**	**aprend**	aprend**ido**	*learned*
-IR	viv**ir**	**viv**	viv**ido**	*lived*

SERGIO: —¿**Has comido** antes en un restaurante chino?
SILVIA: —Sí, **he comido** en el "Chun Hua" varias veces.

2. Several **-er** and **-ir** verbs you know have an accent mark on the **í** of their past participles.

caer	caído	*fallen*	traer	traído	*brought*
leer	leído	*read*	reír	reído	*laughed*
creer	creído	*believed*	sonreír	sonreído	*smiled*

SERGIO: —Te **he traído** un libro interesante. ¿Lo conoces?
MARTÍN: —*Los Juegos Olímpicos*. No, no lo **he leído**. ¡Gracias, papá!

3. Other verbs have irregular past participles.

abrir	**abierto**	*opened*	morir	**muerto**	*died*
decir	**dicho**	*said, told*	poner	**puesto**	*put*
describir	**descrito**	*described*	romper	**roto**	*broken*
escribir	**escrito**	*written*	ver	**visto**	*seen*
hacer	**hecho**	*done, made*	volver	**vuelto**	*returned*

SILVIA: —¿Qué **has hecho** esta mañana, mamá?
MAMÁ: —**He escrito** muchas cartas.

Practiquemos

A. En la casa de los Soto.   Complete las siguientes conversaciones con una forma apropiada de **haber: he, has, ha, hemos, habéis, han**.

1. PANCHO: —¿_____ visitado otros países, papá?

   SERGIO: —Sí, hijo. _____ visitado catorce países.

2. PANCHO: —Mamá y papá, ¿_____ visto Uds. los Juegos Olímpicos?

   SILVIA: —Tu papá y yo _____ visto los Juegos en la televisión.

3. ALICIA: —Sergio y Silvia, ¿_____ visitado vosotros Madrid?

   SERGIO: —No, Alicia. Nunca _____ estado en Europa.

4. SR. WANG: —Señora Soto, ¿_____ estado Ud. en mi país?

   SILVIA: —No, señor. Nunca _____ ido al Oriente.

B. Más conversaciones.   Complete las conversaciones usando los participios de los verbos indicados.

1. **escribir / hacer / ver**

   PANCHO: —¿Qué has _____ hoy?

   MARTÍN: —He _____ algunas cartas. ¿Y tú?

   PANCHO: —He _____ una película en vídeo.

2. **morir / recibir / estar / pasar**

   SILVIA: —He _____ malas noticias del hospital.

   SERGIO: —¿Qué ha _____?

   SILVIA: —Mi amigo Alberto ha _____ .

   SERGIO: —Ay, lo siento mucho, Silvia.

   SILVIA: —Gracias. Él ha _____ enfermo por un mes.

3. **ver / leer / comprar**

   SERGIO: —He _____ una novela fantástica.

   SILVIA: —¿La has _____ ya?

   SERGIO: —No, pero he _____ la película basada en ella.

C. ¿Y usted? Describa las cosas que Ud. ha hecho y otras cosas que Ud. nunca ha hecho.

Ejemplo: almorzar en un restaurante japónes
He almorzado en un restaurante japónes.
o: *Nunca he almorzado en un restaurante japonés.*

1. escribir un poema en inglés

_____

2. ver una película en español

_____

3. comer un poco de caviar ruso

_____

4. esquiar con amigos en Colorado

_____

5. montar a caballo en California

_____

6. visitar un bonito país extranjero

_____

7. conocer a una persona de la China

_____

8. pasear en un elegante auto alemán

_____

9. correr en un maratón internacional

_____

10 tomar una copa de champaña francesa

_____

LECCIÓN 8

PRETERITE OF IRREGULAR VERBS

A. Dos amigas.   Complete las conversaciones, usando las formas apropiadas de los verbos indicados.

1. **hacer**

    SILVIA: —¿Qué _____ ayer, Carmen?

    CARMEN: —No _____ mucho. ¿Qué _____ tú y Sergio?

    SILVIA: —Tampoco _____ nada.

2. **ir**

    CARMEN: —¿Adónde _____ ayer en la tarde, Silvia?

    SILVIA: —No _____ a ninguna parte, pero Sergio y los niños

      _____ al Parque Ecuador. ¿Adónde _____ tú?

    CARMEN: —Mis amigos y yo _____ a un restaurante chino.

    SILVIA: —¿También _____ tu amiga china, Mei-Zong?

    CARMEN: —No, ¡ella _____ a un restaurante japónes!

B. Una fiesta.   ¿Qué pasó en la fiesta que dieron Sergio y Silvia? Escriba oraciones completas, según el ejemplo.

Ejemplo: Luisa Reynosa / traer una torta de fruta
Luisa Reynosa trajo una torta de fruta.

1. Muchos amigos y parientes / venir a la fiesta

   _____

2. Silvia y Sergio les / dar un abrazo a todos

   _____

3. Jorge y Luisa Reynosa / traer una torta de fruta

   _____

4. Luisa / estar un poco enfermo, pero ahora está bien

   _____

5. Todos / ver una película en vídeo que Sergio / filmar ayer

   _____

6. Algunos de los invitados no / poder bailar muy bien

   _____

7. Sergio / ir al supermercado donde / comprar más refrescos

   _____

8. Los amigos de Martín y Pancho no / querer volver a su casa

   _____

9. Pancho / ponerse el pijama, luego / acostarse a las 10:00

   _____

10. Todos / decir que la fiesta / ser realmente maravillosa

   _____

LECCIÓN 8

PRETERITE AND IMPERFECT TENSES (SUMMARY)

The choice to use the preterite tense or the imperfect tense is not arbitrary; it depends on how a speaker or writer views the past actions, conditions and events that he or she expresses.

A. How to use the preterite
The preterite is used for describing past activities and changes in mental or physical states that occurred at a given point in the past, often as a reaction to something else that happened.

Completed events

> Verlen y Valerie Kruger **hicieron** un viaje increíble en canoa. **Comenzaron** su viaje en el Canadá y lo **terminaron** en Cabo Horno, Chile.

Completed actions

> Los Kruger **salieron** el 8 de junio de 1986 y **siguieron** varios ríos hasta llegar a la Florida. Luego, **cruzaron** el Caribe, **entraron** en Venezuela y **continuaron** su viaje por el Brasil, el Paraguay, la Argentina y Chile. **Llegaron** a Cabo Horno el 1 de marzo de 1989. Ellos **conocieron** a muchas personas interesantes, **visitaron** lugares fascinantes y **sacaron** fotos maravillosas.

Completed mental and physical states

> Un día, Valerie **se enfermó** de diarrea. Otro día Verlen **tuvo** un dolor de estómago.

B. How to use the imperfect
The imperfect is used to describe past actions and events that were repeated habitually, that is, it describes how people, places, things, events and conditions were or how they used to be. In English, we often express these actions with *used to* or *would* plus a verb (We used to live in Michigan, and we would go skiing often in winter.)

> Todos los días antes de comenzar su largo viaje, Verlen y Valerie **aprendían** algunas palabras nuevas en español, **leían** libros sobre Norteamérica y América del Sur y **estudiaban** mapas de los dos continentes.

The imperfect is also used for describing actions and conditions that were in progress in the past. The speaker or writer tells what was happening, often when something else was going on at the same time.

> **Eran** las 5:00 de la mañana y **hacía** buen tiempo para comenzar el viaje en canoa. Mientras Valerie **preparaba** el desayuno, Verlen **estudiaba** algunos mapas. Los dos **estaban** entusiasmados y **se sentían** felices.

C. How to use the preterite and imperfect together

Spanish speakers often use the preterite and imperfect tenses together to describe past experiences and to put past actions and events within the framework of what was happening at the time they occurred.

Cuando los Kruger **terminaron** su viaje, **escribieron** dos libros sobre sus aventuras. Ellos **querían** describir adónde **fueron**, qué **vieron** y cómo **se sentían** día tras día de su fabuloso viaje por dos continentes.

PRACTIQUEMOS

A. Un aventurero joven.   Complete la siguiente narración sobre un viaje que hizo el autor de *Intercambios.* Indique las formas correctas de los verbos entre paréntesis.

Cuando Jim (tuvo/tenía) veinte años, (hizo/hacía) un viaje de autostop (*hitchhiking*) a México porque (quiso/quería) conocer aquel país y a su gente. Él (fue/era) un estudiante ambicioso, (supo/sabía) hablar español un poco, y le (gustó/gustaba) viajar.

Jim (pasó/pasaba) un mes preparándose para el viaje. Por fin, (llegó/llegaba) el día para salir. El joven se (levantó/levantaba) a las 6:00 de la mañana, se (afeitó/afeitaba), se (duchó/duchaba), se (vistió/vestía) de camisa, jeans y zapatos de tenis, y (comió/comía) cereal con leche. Luego, (fue/iba) al dormitorio de sus padres, que todavía (durmieron/dormían). Los (despertó/despertaba) y se (despidió/despedía) de ellos: (abrazó/abrazaba) a su papá y le (dio/daba) un beso a su mamá.

Jim se (puso/ponía) la mochila (*backpack*) y (salió/salía) de la casa. Pero, ¡qué horror! (Comenzó/Comenzaba) a llover muy duro. El pobre joven se (sintió/sentía) muy frustrado, pero ¿qué (pudo/podía) hacer? Él (pensó/pensaba) un momento. Luego, (tomó/tomaba) una decisión natural: (volvió/volvía) a casa y el próximo día (decidió/decidía) salir.

B. Otros dos aventureros.   En un papel separado, escriba la siguiente carta, que Valerie le mandó a su profesor de español. Cambie los infinitivos en itálica por las formas correctas del pretérito o del imperfecto.

Estimado profesor,

Ayer Verlen y yo *llegar* a Manaus, Brasil. ¡Qué bonito día *ser*! *Hacer* mucho calor y *llover* un poco, pero los residentes de la ciudad nos *recibir* bien. (Nosotros) *Estar* cansadísimos pero *sentirse* felices porque la gente nos *comprender* cuando (nosotros) les *hablar* en nuestro portugués imperfecto. Verlen y yo *ir* directamente al Hotel Victoria donde *tener* una reservación. ¿Sabe Ud. qué *ser* la primera cosa que (nosotros) *hacer*? ¡Ducharnos! Luego, ¡*acostarnos* y *dormir* por diez horas! Después, *levantarse* y *lavar* toda nuestra ropa que *estar* muy sucia. En la tarde (nosotros) *conocer* al Ministro de Educación, quien nos *invitar* a presentar una charla sobre nuestro viaje en el famoso teatro de Manaus. *Venir* más de mil personas, y la presentación *salir* bien. Mientras (nosotros) *salir* del teatro, dos reporteros nos *decir* que *querer* entrevistarnos. Verlen y yo *hablar* con ellos por quince minutos, luego *comer* en un café donde se nos *servir* comida típica de la región amazónica.

C. Un día inolvidable.   En algunos párrafos, describa una experiencia que Ud. nunca va a olvidar. Use las siguientes preguntas como guía.

¿Qué le pasó a Ud. exactamente? ¿Dónde le pasó? ¿Qué tiempo hacía? ¿Qué hora era? ¿Con quién estaba Ud. cuando le pasó? ¿Cómo se sentía Ud.? Luego, ¿qué pasó y a quién? ¿Qué hizo Ud. después? ¿Con quién habló Ud.? ¿Cómo era él (ella)? ¿A Ud. le gustaría repetir esa experiencia? ¿Por qué?

LECCIÓN 9

DOUBLE OBJECT PRONOUNS

Direct object and indirect object pronouns refer to people, things, places and ideas. Sometimes you will want to use both kinds of pronouns together in the same sentence. Double object pronouns consist of a direct object and indirect object pronoun used together. Indirect object pronouns always *precede* direct object pronouns.

A. How to form double object pronouns

Indirect before Direct

me			PAPÁ:	—¿**Me** compraste el suéter, papá?
te		**lo**	HIJA:	—Sí, **te lo** compré esta mañana.
le	→ **se**	**la**	PAPÁ:	—Y la cinta, ¿**me la** compraste?
nos		**los**	HIJA:	—Sí, hija. También **te la** compré.
os		**las**	PAPÁ:	—¡Dos regalos! ¡Dá**melos**, papá!
les	→ **se**		HIJA:	—**Te los** doy mañana en tu fiesta.

B. How to use double object pronouns

1. The indirect object pronouns **le** and **les** always change to **se** when they are used together with the direct pronouns **lo, la, los,** and **las.**

    Les compré **algunos regalos** a mis niños.

    Se los compré ayer en la tarde.

    Le compré **una cinta** a mi hija.

    Se la compré en Santiago.

2. To contrast, emphasize or clarify the meaning of the indirect object pronoun **se,** use **a Ud., a él, a ella, a Uds., a ellos,** or **a ellas,** as shown below.

    La cinta es muy buena. No **se** la compré **a la hija de Ud.**

    Tampoco **se** la compré **a esas niñas. Se** la compré **a mi hija.**

    Se la compré **a ella** para la Navidad.

3. Double object pronouns can be placed before conjugated verbs or attached to infinitives or present participles.

    Quiero comprarle un suéter bonito a mi mamá.
    Se lo voy a comprar hoy. ⟵⟶ Voy a comprár**selo** hoy.

    En este momento estoy en una tienda. Quiero comprarle un suéter a mi mamá.
    Se lo estoy comprando ahora. ⟵⟶ Estoy comprándo**selo** ahora.

PRACTIQUEMOS

A. Martín y sus amigos. Martín and some of his classmates like and dislike certain people, places and things. How would they express their feelings in writing?

Ejemplo: MARTÍN: [+] mis profesores / [-] estudiar
                           —Me gustan mis profesores, pero no me gusta estudiar.

1. CARLOS: [+] Costa Rica / [-] nuestro presidente

2. MAGDA: [+] estudiar idiomas / [-] la gramática

3. DOROTEA: [+] mirar la televisión / [-] los programas violentos

4. VICENTE: [+] las ciencias naturales / [-] las ciencias sociales

5. ESPERANZA: [+] mi profesora de matemáticas   / [-] sus exámenes

B. Gente feliz. Las siguientes personas están contentas. ¿Qué dicen?

Ejemplo: Tomás, un abuelo: encantar mis nietos porque / parecen simpáticos
                —Me encantan mis nietos porque me parecen simpáticos.

1. Jorge (agricultor):   gustar cuando hace sol y / encantar cuando llueve

2. Cecilia (estudiante):   no molestar los exámenes porque / gustar estudiar

3. Daniel (intérprete):   fascinar los idiomas y, por eso, / interesar visitar las Naciones Unidas

4. Max (programador):   interesar mucho la tecnología, pero / no importar los deportes

5. María Teresa (policía): encantar mi trabajo porque /gustar trabajar con la gente

LECCIÓN 10

ADDITIONAL DEMONSTRATIVE ADJECTIVES AND PRONOUNS

1. Demonstrative adjectives refer to particular persons, places, things or ideas, as well as to varying distances in space and time from the speaker (for example: *this* salesclerk, *these* vegetables, *that* store, *those* prices). To specify who or what is far from the speaker and the person spoken to and to indicate a very long time ago, Spanish speakers use a form of **aquel**. These adjectives must agree in gender (masculine or feminine) and number (singular or plural) with the nouns to which they refer.

	MASCULINE	FEMININE
that	**aquel** chico/año (1888)	**aquella** tienda/semana
those	**aquellos** chicos/años (1880s)	**aquellas** tiendas/semanas

—Cuando mi abuelo era niño todo era muy barato.
—Sí, en **aquellos años** una bicicleta nueva costaba poco.
—Y **aquellas bicicletas** no eran muy complicadas.

2. Demonstrative pronouns are used in place of demonstrative adjectives to refer to particular persons, places, things or ideas that were already mentioned (*this one, that one, these, those*). To specify who or what is far from the speaker and the person spoken to and to indicate a very long time ago, Spanish speakers use a form of **aquél**. These adjectives must agree in gender (masculine or feminine) and number (singular or plural) with the nouns to which they refer.

	MASCULINE	FEMININE
that one	**aquél**	**aquélla**
those there	**aquéllos**	**aquéllas**

—Mi abuelo compró un Ford Modelo-T cuando tenía dieciséis años.
—Ah, ¿sí? **Aquél** fue un modelo muy famoso por muchos años.

Practiquemos

A. En mi opinión... A Javier González le gustan los productos que distribuye para su empresa. Exprese sus opiniones, según el modelo.

Ejemplo: *Aquel* té de Malasia es exquisito.

1. _____ sopa de Taiwán está rica.

2. _____ queso de Holanda es delicioso.

3. _____ uvas de Chile son magníficas.

4. _____ pimientos de México son buenos.

5. _____ café de Colombia es el mejor del mundo.

6. _____ plátanos de Guatemala son exquisitos.

7. _____ fruta Kiwi de Nueva Zelanda es exótica.

B. Impresiones de California. Óscar Galeano acaba de volver a Colombia después de vivir por varios años en Los Ángeles, California. ¿Qué les cuenta Óscar a sus parientes sobre sus impresiones de aquella ciudad?

Ejemplo: ciudad —> muy grande
PARIENTE: —*¿Cómo es aquella ciudad?*
ÓSCAR: —*Aquélla es muy grande.*

PARIENTES DE ÓSCAR		ÓSCAR
1. aire allá	→	horrible
2. vida diaria	→	rapidísima
3. supermercados	→	muy grandes
4. gente de California	→	bastante variada
5. tiempo en el invierno	→	muy agradable
6. escuelas públicas	→	modernas
7. industria, Oscar	→	muy progresiva
8. precios allá	→	más altos que aquí

LECCIÓN 10

EXTENSIÓN
G28

ADDITIONAL COMPARATIVES AND SUPERLATIVES

A. Dos familias.   Complete las oraciones y conteste las preguntas sobre las siguientes familias, según la información en los párrafos que siguen.

Ejemplo: Silvia es _____ que su esposo.
Silvia es menor que su esposo.

Hay nueve personas en la familia Sáenz: Mario (26 años), sus padres Ricardo e Isabel, su hermana mayor Yolanda (30 años) y sus abuelos Diego y Raquel. También Mario tiene una hermana menor, que se llama Ángela (14 años). Yolanda está casada con Andrés; tienen un hijo de dos años, que se llama Tito.

Sergio Soto tiene cuarenta y cinco años y su esposa Silvia tiene treinta años. Ellos tienen dos niños: Martín Luis (10 años) y Francisco Javier o "Pancho" (7 años).

1. Pancho Soto es _____ que Tito Sáenz.

2. Pancho tiene tres años _____ que su hermano.

3. Ángela tiene cuatro años _____ que Martín Luis.

4. Yolanda Sáenz tiene _____ años como Silvia Soto.

5. Hay cinco personas _____ en la familia Sáenz que en la familia Soto.

6. ¿Cuál es la familia más grande? ¿y la más pequena?

   _____

   _____

7. Comparando las dos familias, ¿quién es el niño o la niña mayor? ¿y el (la) menor?

   _____

   _____

B. Mis opiniones. Complete las siguientes oraciones según su opinión. Use las formas apropiadas con **-ísimo** de los adjetivos entre paréntesis.

Ejemplo: Creo que soy (feliz / alegre) porque...
Creo que soy *felicísima* porque tengo novio.

1. Creo que soy (pobre / simpático / inteligente) porque...

_____

2. Normalmente, estoy (feliz / triste / cansado / ocupado) porque...

_____

3. Mi familia es (alegre / pequeño / grande / importante) porque...

_____

4. Mis amigos son (divertido / simpático / generoso) porque...

_____

5. Mi clase de español es (bueno / malo / aburrido) porque...

_____

6. Para mí, el español es (fácil / difícil / importante) porque...

_____

LECCIÓN 11

EXTENSIÓN G29

USES OF POR AND PARA

A. Dos amigas. Juana Sánchez y una amiga están hablando por teléfono. Complete la siguiente conversación con las preposiciones **para** o **por,** apropiadamente.

JUANA: —¿_____ dónde vas?

ELENA: —Voy _____ el supermercado _____ pan.

JUANA: —¿A qué hora?

ELENA: —No sé, pero voy hoy _____ la tarde.

JUANA: —¿_____ cuánto tiempo vas a estar allí?

ELENA: —_____ una hora más o menos. ¿_____ qué?

JUANA: —Quiero ir contigo _____ comprar leche.

ELENA: —Bien. Vamos juntas _____ el Parque Melrose.

JUANA: —¡Buena idea! Me gusta caminar _____ allí.

B. En el Lago Irvine. Ayer en la tarde, los Galeano fueron al Lago Irvine para divertirse un poco. Complete la siguiente narración y conversación con las preposiciones **para** o **por,** apropiadamente.

Ejemplo: Los Galeano fueron _____*para*_____ el Lago Irvine.

Hoy _____ la tarde, los Galeano hicieron una excursión en bote en el Lago

Irvine _____ dos horas. Fue un día perfecto _____ hacerla porque

hacía buen tiempo. Pagaron sólo un dólar _____ persona _____

la excursión.

ÓSCAR: —Bueno, ¿_____ dónde vamos?   No conozco nada

                    _____ aquí.

MARÍA: —Vamos _____ el otro lado del lago... _____ allí,

                    ¿ves?

SARA: —No, mamá. Mejor _____ aquí _____ no chocar

                    con los otros botes.

LAURA: —¡Ay, _____ favor! Vamos _____ todas partes

                    del lago.

SARA: —Sí, tenemos el bote _____ dos horas. Oye, aquí traje algunos

                    dulces _____ todos.

LAURA: —_____ mí, un chocolate, _____ favor. Ay, ¡qué

                    rico!

ÓSCAR: —¡_____ Dios! ¡Vamos! ¡Vamos!

MARÍA: —Gracias _____ los dulces, Sara. ¡Ahora, vamos!

LECCIÓN 11

AMPLIACIÓN
G30

MEANING AND USE OF SOME PREPOSITIONS

A preposition is a word that relates two elements of a sentence. Specifically, a preposition connects a noun, pronoun, or noun phrase to a verb (e.g., Oscar is *from* Colombia), to a noun (e.g., He is the owner *of* a grocery store), or to an adjective (e.g., Spinach is good *for* you). The noun or pronoun that follows the preposition (as *Colombia, grocery store,* and *you* in the preceding examples) is called its *object*.

1. Some common prepositions in Spanish are as follows:

al lado de	*beside, next to*	**detrás de**	*behind*
contra	*against*	**durante**	*during*
debajo de	*under, beneath*	**hacia**	*toward(s)*
delante de	*in front of*	**hasta**	*until, to, as far as, even*
desde	*from*	**sin**	*without*

2. Some Spanish verbs are followed by a preposition.

acordarse de (ue)	*to remember*	**No me acuerdo de** su nombre, señor.
ir a	*to go*	**Voy a ir a**l centro comercial hoy.
pensar de (ie)	*to think of*	¿Qué **piensas de** mi vestido nuevo?
pensar en (ie)	*to think about*	¿**En** qué estás **pensando**, Laura?
salir de	*to leave*	Quiero **salir de** casa a las 2:00.
tratar de	*to try to*	**Trato de** no gastar mucho dinero.

PRACTIQUEMOS

A. ¿Dónde está...?   Complete las siguientes oraciones con las preposiciones apropiadas, según el dibujo.

La zapatería está _____ la farmacia. _____ la zapatería, hay un

auto. _____ el auto está un perro, que no quiere salir. Hay un autobús

_____ la farmacia. El autobús va _____ aquí _____

el centro de la ciudad.

B. Una buena empleada.   Juana Sánchez es una buena empleada. Complete las siguientes frases con los verbos apropiados de esta sección.

Ejemplo: llegar temprano a su trabajo
            Juana trata de llegar temprano a su trabajo.

1. su casa a las 8:00 de la mañana

   _____

2. ser cortés con todos sus clientes

   _____

3. los nombres de sus clientes

   _____

4. cómo se puede atraer a más clientes

   _____

5. ser una mejor empleada porque así lo quiere

   _____

Lección 12

EXTENSIÓN
G31

FORMAL COMMANDS

Consejos para una entrevista. Susana González va a tener una entrevista de trabajo mañana con Silvia Madrigal, directora regional de la IBM. Escriba lo que Susana debe o no debe hacer, usando mandatos formales.

Ejemplos: ser honesta y directa → *Sea honesta y directa.*
 no dar información falsa → *No dé información falsa.*

1. no estar nada nerviosa

_____

2. no decir malas palabras

_____

3. vestirse apropiadamente

_____

4. responder a cada pregunta

_____

5. no sentarse mal en su asiento

_____

6. llegar a tiempo a la entrevista

_____

7. no fumar cigarrillos ni cigarros

_____

8. darle las gracias a Silvia Madrigal

_____

9. no comer nada mientras Uds. hablan

_____

10. no tomar nada durante la entrevista

_____

9. visitar muchos museos _____

    _____

10. ver el Museo del Prado _____

    _____

11. llamarnos por teléfono _____

    _____

12. no tomar demasiado sol _____

    _____

13. llevar una cámara de vídeo _____

    _____

14. traernos unos chocolates _____

    _____

15. regatear en los mercados _____

    _____

16. descansar con frecuencia _____

    _____

17. no comprar todo lo que vean _____

    _____

18. aprender un poco de francés _____

    _____

19. tomar mucha cerveza alemana _____

    _____

20. mandarnos una tarjeta postal _____

    _____

LECCIÓN 14

EXTENSIÓN G35

SUBJUNCTIVE FOLLOWING EXPRESSIONS OF EMOTION

A. Querida mamá. Diana Sablán le escribió una tarjeta postal a su mamá desde Andorra. Indique la forma correcta de los verbos entre paréntesis.

Querida mamá,

Me alegro de (estoy / esté / estar) aquí en Andorra y siento que tú no (puedes / puedas / poder) estar con nosotros porque Europa (es / sea / ser) muy bonita. Espero que tú y papá (vienen / vengan / venir) aquí algún día. Ángel y yo esperamos (volvemos / volvamos / volver) a Europa el próximo verano, pero me preocupo de que no (vamos / vayamos / ir) a tener suficiente dinero para hacer el viaje. A veces, me molesta (gano / gane / ganar) tan poco dinero en mi trabajo, pero espero (busco / busque / buscar) otro trabajo en San Juan. Ojalá que (encuentro / encuentre / encontrar) uno. Bueno, te espero (escribo / escriba / escribir) otra vez desde Francia. Sé que te (molesta / moleste / molestar) mucho que no te (escribo / escriba / escribir) con mucha frecuencia.

Con cariño,

Diana

B. Dos amigos, dos opiniones. Ángel está hablando con su amigo Beto, sobre los viajes. Complete su conversación usando las formas correctas de los verbos entre paréntesis.

ÁNGEL: —Es bueno (viajar) _____ , ¿verdad?

BETO: —Sí, pero es una lástima que (costar) _____ tanto viajar.

ÁNGEL: —No es necesario (gastar) _____ mucho dinero. Es posible (visitar)

_____ muchos lugares de interés sin gastar una fortuna, Beto.

BETO: —Pero para mí es importante (quedarse) _____ en hoteles muy buenos.

ÁNGEL: —Es ridículo que tú (pensar) _____ así. Es mejor (gastar)

_____ poco y (ver) _____ más cosas.

BETO: —Para mí es imposible (hacer) _____ eso porque yo no (tener)

_____ el tiempo, Ángel.

ÁNGEL: —Es una lástima que [tú] no (tener) _____ el tiempo para gastar tu dinero.

Lección 14

EXTENSIÓN G37

Subjunctive Following Expressions Of Uncertainty And Indefiniteness

A. Optimistas y pesimistas. Normalmente, la gente pesimista tiene más dudas que la gente optimista. Escriba oraciones completas que expresen las opiniones de algunos amigos de Diana.

1. ANA: Dudo que Europa / ser más bonita que Puerto Rico, pero creo que el continente / tener muchos lugares interesantes para los turistas.

_____

_____

_____

2. ROBERTO: Es dudoso que los hoteles en Europa / son baratos, pero no dudo que / haber muchos hoteles allá.

_____

_____

_____

3. SILVIA: No creo que los europeos / ganar tanto dinero como los puertorriqueños. Creo que ellos / ganar sólo cuatro dólares por hora.

_____

_____

_____

4. LUIS: No estoy seguro de lo que se / poder ver en Europa. / ¿Ser interesante?

_____

_____

_____

5. BLANCA: Tal vez / costar mucho dinero viajar por Europa, pero no estoy segura de eso.

_____

_____

_____

B. Hablando de festivales.   A Ángel y a Diana les gustan los festivales. Complete la siguiente conversación, usando apropiadamente el indicativo y el subjuntivo de los verbos entre paréntesis.

ÁNGEL: —No hay ningún festival que (ser) _____ igual al Oktoberfest de Munich, ¿verdad?

DIANA: —No sé. Ese festival (ser) _____ interesante, pero quizás (haber)

_____ otros muy buenos aquí en Europa.

ÁNGEL: —Sí, por ejemplo, algún día quiero ir al Festival de Jazz que (tener)

_____ lugar en Montreux, Suiza. Mi papá me dijo que (venir)

_____ gente de todas partes del mundo para verlo.

DIANA: —Conozco a alguien que (ir) _____ a ese festival el próximo

año. Se llama Mireille Blanc, y (vivir) _____ en Lausanne,

Suiza. Tal vez nos (hace) _____ una invitación para visitarla

porque (ser) _____ una persona muy generosa.

ÁNGEL: —¡Ojalá ella nos (invitar) _____ a Suiza algún día!

Lección 15

SUBJUNCTIVE IN PURPOSE AND TIME (ADVERBIAL) CLAUSES

A. Situaciones. Lea cada situación. Luego, complete las oraciones lógicamente, usando los verbos indicados en las listas.

1. leer / comprar / volver / descansar / visitar / terminar
Ángel y Diana van a volver a su trabajo tan pronto como ellos...

_____*terminen*_____ su viaje.

_____ a Puerto Rico.

_____ a sus amigos.

_____ por dos días.

_____ unos comestibles.

_____ sus cartas y tarjetas.

2. volver / tener / ir / ser / comprar
Ángel y Diana quieren ahorrar dinero antes de que ellos...

_____ su segundo bebé.

_____ una casa nueva.

_____ a Europa en avión.

_____ padres por primera vez.

_____ de vacaciones otra vez.

3. tener / celebrar / poder / cambiar / decidir
Diana quiere dar una fiesta cuando ella...

_____ de trabajo.

_____ su cumpleaños.

_____ un poco más de dinero.

_____ en una fecha específica.

_____ tener suficiente tiempo.

B. Fin de vacaciones. Ángel y Diana Sablán están hablando sobre sus planes. Complete su conversación, usando apropiadamente las conjunciones de la siguiente lista.

cuando	aunque	antes de que	después de que
para que	mientras	en caso de que	con tal de que

ÁNGEL: —_____ lleguemos a San Juan mañana, ¿qué vamos a hacer

primero?

DIANA: —_____ nos levantemos, vamos a la playa _____

haya sol. _____ llueva, podemos ir a visitar a nuestros amigos.

ÁNGEL: —¡Bien! Luego, en la tarde quiero visitar a mi abuelita _____ la

conozcas. _____ ella tiene noventa años, puede hacer muchas

cosas en su casa.

DIANA: —_____ vayamos allí, me gustaría ir de compras. Y

_____ estamos en el centro, debemos ir al banco por dinero.

ÁNGEL: —Ay, ¡qué día! _____ las vacaciones _____, vamos

a necesitar otras vacaciones.

DIANA: —¡Claro que sí!

Lección 15

EXTENSIÓN
G39

Past (Imperfect) Subjunctive

A. Llegada a Madrid.   Complete las siguientes oraciones lógicamente.

Tan pronto como ellos (llegaron / llegaban / llegaran) al aeropuerto de Madrid, (pasaron / pasaran) por la inmigración, donde un oficial les (preguntó / preguntaba / preguntara) cuánto tiempo (fueron / iban / fueran) a pasar en España. Diana le (dijo / decía / dijera) que querían pasar una semana allí, aunque sus amigos le recomendaron que (pasaron / pasaban / pasaran) dos en ese país. Después de pasar por la aduana, Ángel sugirió que él y su esposa (cambiaron / cambiaban / cambiaran) dólares por pesetas antes de (alquilar / alquilaban / alquilaron / alquilaran) un auto.

(Alquilaron / Alquilaban / Alquilaran) un auto pequeño, luego (fueron / iban / fueran) a su hotel en el centro de Madrid. Diana quería (llamar / llamó / llamaba / llamara) a sus padres para (decirles / les dijo / les decía / les dijera) que ella y Ángel habían llegado bien. Como siempre, el padre de Diana se preocupaba de que ella no (tuvo / tenía / tuviera) suficiente dinero, pero Diana le dijo que eso no (fue / era / fuera) ningún problema. La mamá de Diana se alegró de que ellos (llegaron / llegaban / llegaran) bien y esperó que lo (pasaron / pasaban / pasaran) bien en sus vacaciones. Esa noche Ángel y Diana se durmieron rápidamente porque (estuvieron / estaban / estuvieron) muy cansados después de su vuelo transatlántico.

DESTINOS

1. Can you think of several foreign airline companies? Write their names and country of origin.

_____

_____

_____

2. Many airlines have their own magazine designed to "make friends," entertain their passengers, and advertise products. Name the airline that publishes *Destinos*.

_____

3. Can you guess the meaning of *Destinos?*

_____

4. Look at the Table of Contents and write out in Spanish the number of the page where you would find information about the following:

   a. La Paz   _____

   b. El maíz   _____

   c. Chichén-Itzá   _____

   d. Villahermosa   _____

5. According to the Table of Contents in the magazine, what do you think would be most interesting if you visited these places? (Give your answers in Spanish.)

   a. La Paz

_____

_____

_____

   b. Chichén-Itzá

_____

_____

_____

   c. Villahermosa

_____

_____

_____

Lección 2

IDIOMAS EN EL EXTRANJERO

OXFORD – Residencia   13 – 17 años

La ciudad:
La conjunción de cultura, historia y tradiciones junto al ambiente juvenil universitario hacen de esta ciudad un marco incomparable para los jóvenes españoles. El ambiente es cosmopolita y alegre. La ciudad ofrece gran cantidad de actividades: museos, edificios históricos, teatros, cines, folk club, discos, centros comerciales, etc.

Cursos:
20 clases a la semana.
Niveles: elemental a superior. Clases de lunes a viernes. Profesores nativos y titulados.
Actividades: 1 excursión de día completo a la semana y una visita local de medio día. El recinto universitario ofrece muchas posibilidades de practicar deportes: tenis, fútbol, natación, etc. Noches disco y fiestas también en el programa.

Alojamiento:
En residencia, en el mismo Oxford Polytechnic, en habitaciones individuales (con agua caliente), en régimen de pensión completa.

Viaje:
En avión, vuelo regular, con salidas desde Málaga o Sevilla.

Practicando inglés en el mercado.

FOLKESTONE - HOLIDAY COURSE,   14 - 20 años

La ciudad:
Está situada en la costa, con fácil acceso a Londres (1 hora en tren), y a Francia (80 minutos de Calais). Antiguamente esta ciudad era un lugar donde las clases altas veraneaban. Ahora dispone de modernos centros comerciales, cines, teatros, discos, etc.

Cursos:
20 clases a la semana.
Niveles: elemental a superior. Clases de lunes a viernes. Profesores nativos y titulados.
Actividades: 1 excursión de día completo por semana y visitas locales de medio día como complementos. Actividades deportivas: baloncesto, voleybol, tenis, badminton, natación, etc. (también hay la posibilidad de practicar windsurf, vela y equitación a precios razonables).

Alojamiento:
En familias seleccionadas, en régimen de media pensión durante la semana y pensión completa los fines de semana. El almuerzo se puede tomar en la cafetería del Colegio (ptas. 3.000/semana) Un solo español por familia.

Viaje:
En avión, vuelo regular, con salidas de Málaga o Sevilla.

Horas extras para aprender mejor

COLEGIO MARAVILLAS BENALMADENA

OTROS PROGRAMAS EDUCATIVOS

Cursos de Idiomas:

– Francés en Francia.
 – Annecy: Cursos para niños, 10 - 15 años.
 – Avignon: Cursos para jóvenes, 14 - 18 años.
 – París: Ciudad universitaria, cursos para jóvenes y adultos.
 – Aix-en-Provence: Ciudad universitaria, cursos para jóvenes y profesionales.
 – Costa Azul, Nice: Cursos para jóvenes y adultos.

– Alemán en Alemania.
 – Munich: Cursos para niños, jóvenes y adultos.
 – Heidelberg: Cursos para niños, jóvenes y adultos.
 – Konstanz: Cursos para niños y jóvenes.
 – Wiesbaden: Cursos para niños y jóvenes.

– Alemán en Austria.
 – Innsbruck: Cursos para niños, jóvenes y adultos.
 – Salzburgo: Cursos para niños, jóvenes y adultos.

– Italiano en Italia.
 – Florencia: Cursos para jóvenes y adultos.
 – Siena: Cursos para jóvenes y adultos.

- Inglés en E.E.U.U.
 – Durante los meses de verano. Alojamiento en familias o en campus universitario.
 – Año escolar: BUP/COU, Septiembre a Junio.

COLEGIO MARAVILLAS
IDIOMAS EN EL EXTRANJERO

COLEGIO MARAVILLAS

1. Study Abroad programs are becoming more popular and accessible every day, especially with foreign language students of all ages. If you went to the following places, what language would you study? Write your answers in Spanish.

 Oxford, Inglaterra _____   Costa Azul, Francia _____

 Florencia, Italia _____

 In what city or country would you like to study Spanish? _____

2. Can you guess the meaning of *idiomas*? _____

3. If you went to Oxford, where would you live according to the description on page 85?

 _____

4. If you went to Folkestone, what activities among those listed on page 85 would you most enjoy?

 _____

5. If you were in Folkestone, what other nearby countries could you visit?

 _____

LECCIÓN 3

LECTURA
R3

FELIZ CUMPLEAÑOS

1. Sometimes birthday customs between diverse cultures are similar and sometimes they are different. Try to identify at least three customs shown in the cartoon that are similar to American customs.

   a. _____

   _____

   b. _____

   _____

   c. _____

   _____

2. How do you say "Blow out the candles" in Spanish? _____

HOROSCOPO CHINO

LIN YINGZ'

EL RATON

Del 5 feb. 1924 al 25 ene. 1925
Del 24 ene. 1936 al 11 feb. 1937
Del 10 feb. 1948 al 29 ene. 1949
Del 28 ene. 1960 al 15 feb. 1961
Del 14 feb. 1972 al 3 feb. 1973
Del 1 feb. 1984 al 20 ene. 1985

Semana óptima en más de un aspecto. Podrá disponer de todo el tiempo que necesite para poner en orden sus asuntos económicos, pero, ¡cuidado!, no gaste demasiado pensando que después vendrá más. Físicamente se sentirá con bastante fuerza para afrontar el trabajo semanal. En el aspecto mental demostrará una gran lucidez a la hora de encarar un espinoso problema motivado por sus socios y/o compañeros.

EL BUFALO

Del 25 ene. 1925 al 13 feb. 1926
Del 11 feb. 1937 al 31 ene. 1938
Del 29 ene. 1949 al 17 feb. 1950
Del 15 feb. 1961 al 5 feb. 1962
Del 4 feb. 1973 al 23 ene. 1974
Del 22 ene. 1985 al 9 feb. 1986

No se deje engañar por cantos de sirena. Los buenos tiempos están por llegar, pero aún no es el momento de que dé rienda suelta a sus impulsos. En el trabajo puede haber complicaciones que podrá resolver únicamente si se esfuerza al máximo. Sentimentalmente si se observa una cierta mejoría de sus asuntos, tanto en lo que se refiere a su pareja como en el hogar y con las amistades.

EL TIGRE

Del 13 feb. 1926 al 2 ene. 1927
Del 31 ene. 1938 al 19 feb. 1939
Del 17 feb. 1950 al 6 feb. 1951

No será esta semana muy especial en su vida pero, sin embargo, si corre el riesgo de embarcarse en una aventura financiera de dudoso final. Tenga cuidado con su exceso de confianza. Su salud podría resentirse. Procure evitar los cambios bruscos, tanto de humor como de temperatura, porque podrían repercutir sobre su organismo en forma de nervios o de irritabilidad.

EL GATO

Del 2 feb. 1927 al 23 ene. 1928
Del 19 feb. 1939 al 8 feb. 1940
Del 6 feb. 1951 al 27 ene. 1952
Del 25 ene. 1963 al 13 feb. 1964
Del 12 feb. 1975 al 31 ene. 1976
Del 30 ene. 1987 al 17 feb. 1988

Esta semana va a ser bastante tranquila y feliz para sus intereses. Disfrutará plácidamente de lo que la vida le ofrezca, sin pararse a pensar qué es lo que ocurrirá en el futuro. Sabrá rodearse de gente amigable que le estima y creará a su alrededor un ambiente de fiesta y diversión. Lo malo es que su trabajo se resentirá un tanto, pero, no se preocupe, a nadie parecerá importante.

EL DRAGON

Del 23 ene. 1928 al 10 feb. 1929
Del 8 feb. 1940 al 27 ene. 1941
Del 27 ene. 1952 al 14 feb. 1953
Del 13 feb. 1964 al 2 feb. 1965
Del 1 feb. 1976 al 18 feb. 1977
Del 17 feb. 1988 al 6 feb. 1989

Esta será, sin duda, una de las semanas más brillantes del año para los nacidos Dragón. Su estupenda forma física hará que afronte cualquier tarea sin esfuerzo y despliegue una increíble actividad en el trabajo diario. Al mismo tiempo, forzará a la suerte y, con un golpe de audacia, puede conseguir en pocos días lo que llevaba madurando una buena temporada.

LA SERPIENTE

Del 11 feb. 1929 al 30 ene. 1990
Del 27 ene. 1941 al 15 feb. 1942
Del 14 feb. 1953 al 3 feb. 1954
Del 2 feb. 1965 al 21 ene. 1966
Del 18 feb. 1977 al 6 feb. 1978
Del 6 feb. 1989 al 26 ene. 1990

Semana un tanto contradictoria. En los primeros días, tanto bullicio y ruido como se organizarán a su alrededor podrán inquietarle y hacerle perder esa seguridad que en los momentos difíciles le caracteriza. Echará mano de su sabiduría innata y, con mucha calma, irá desenredando la madeja. Al final de la semana se encontrará agotado pero satisfecho.

EL CABALLO

Del 30 ene. 1930 al 17 feb. 1931
Del 15 feb. 1942 al 5 feb. 1943
Del 3 feb. 1954 al 24 ene. 1955
Del 21 ene. 1966 al 9 feb. 1967
Del 8 feb. 1978 al 28 ene. 1979
Del 29 ene. 1990 al 27 ene. 1991

Necesitará esta semana hacer ostentación, ante los demás, de su buena suerte y de lo bien que parecen irle las cosas. Tenga cuidado, porque aunque esta situación le sirva a usted para darse confianza, puede provocar en los demás diversas reacciones, desde el desprecio a la envidia.

LA CABRA

Del 1 feb. 1919 al 20 feb. 1920.
Del 17 feb. 1931 al 6 feb. 1932
Del 5 feb. 1943 al 25 ene. 1944
Del 24 ene. 1955 al 12 feb. 1956
Del 9 feb. 1967 al 29 ene. 1968
Del 28 ene. 1979 al 15 feb. 1980

Semana gris en cuanto a su salud. No se sentirá mal, pero tampooo todo lo bien que usted quisiera. Cierta fatiga al final. Profesionalmente, se dedicará más a lanzar cables pidiendo socorro que al trabajo en sí, y eso puede crearle algún que otro inconveniente con algún jefe o asociado. Lo mismo hará en el amor.

EL MONO

Del 20 feb. 1920 al 8 feb. 1931
Del 6 feb. 1932 al 26 ene. 1933
Del 25 ene. 1944 al 13 feb. 1945
Del 12 feb. 1956 al 31 ene. 1957
Del 30 ene. 1968 al 17 feb. 1969
Del 16 feb. 1980 al 5 feb. 1981

Excelente semana para que el Mono se divierta. En su lugar de trabajo sacará a relucir todo su ingenio, que no es poco, para entretener a los demás. Únicamente debe tener cuidado en no hacer objeto de sus chanzas a nadie en especial, si no quiere que esa persona le coja un odio mortal. Reprima un poco su lengua.

EL GALLO

Del 8 feb. 1921 al 28 ene. 1922
Del 26 ene. 1933 al 14 feb. 1934
Del 13 feb. 1945 al 2 feb. 1946
Del 31 ene. 1957 al 16 feb. 1958

EL PERRO

Del 15 feb. 1969 al 6 feb. 1970
Del 5 feb. 1981 al 25 ene. 1982

Buena semana física y mental que hará que cualquier esfuerzo sea tomado como un reto a superar. Así, hará gala de un estupendo espíritu deportivo en el trabajo, lo que, unido a su buena disposición para con los demás, le convertirá en un personaje popular. Tenga cuidado, no obstante, con mostrarse esquivo e intolerante con las personas que le quieren, porque alguien con poder podría dejar de prestarle su apoyo.

EL CERDO

Del 26 ene. 1922 al 16 feb. 1923
Del 14 feb. 1934 al 4 feb. 1935
Del 2 feb. 1946 al 22 ene. 1947
Del 16 feb. 1958 al 8 feb. 1959
Del 7 feb. 1970 al 26 ene. 1971
Del 26 ene. 1982 al 12 feb. 1983

Semana difícil y problemática para los nacidos Perro. Andarán enfurruñados y pensando que el resto de la humanidad está en su contra. Este exceso de nervios y de irritabilidad podría ser la punta del iceberg de algo más serio que está produciéndose en su interior. Asuma el cambio que se está operando en usted sin intentar rechazarlo.

Del 16 feb. 1923 al 5 feb. 1924
Del 4 feb. 1935 al 24 ene. 1936
Del 22 ene. 1947 al 10 feb. 1948
Del 8 feb. 1959 al 28 ene. 1960
Del 27 ene. 1971 al 15 feb. 1972
Del 14 feb. 1983 al 2 feb. 1984

Buena semana para el Cerdo, que dedicará buena parte de ella a disfrutar de los placeres de la mesa y de una compañía agradable. Se sentirá esta semana flotar entre nubes y todo a su alrededor será tranquilidad y armonía. Sin embargo, esto no le impedirá afrontar los problemas del trabajo con realismo y eficacia.

3. A Chinese Horoscope has a very different set of signs than the Zodiac of Western culture: signs designate different years rather than different months. Look at the Chinese Horoscope and write the Spanish equivalent for the following years. (Remember the contraction: *de + el: del.*)

The Year of the Tiger   *El año del Tigre* _____

The Year of the Cat   _____

The Year of the Horse   _____

The Year of the Dog   _____

The Year of the Snake   _____

The Year of the Monkey _____

The Year of the Pig   _____

4. According to the Chinese Horoscope, what is the Spanish name of the year of your birth?

_____

_____

_____

5. What advice is given for your birth sign?

_____

_____

_____

_____

_____

_____

_____

_____

_____

_____

_____

_____

_____

_____

_____

LECCIÓN 4

LA FAMILIA

¿QUIÉNES SON?

Complete the sentences below according to Miguel's family tree.

Felipe es mi _____*padre*_____.　　Manolo es mi _____.

Laura es mi _____.　　Irene es mi _____.

Juan es mi _____.　　Carmen es mi _____.

Julio es mi _____.　　Andrés es mi _____.

Teresa es mi _____.　　Elena es mi _____.

Look again at Miguel's family tree and answer the following in Spanish:

1. Laura y Felipe son los _____ de Miguel.

2. Teresa y Andrés son los _____ de Miguel.

3. Julio y Elena son los _____ de Miguel.

4. Laura es la _____ de Julio y Elena.

5. Carmen y Juan son los _____ de Irene y Manolo.

¿QUIÉNES SON?

SU FAMILIA: Fill in your own name and those of your relatives on the "family tree." Then describe their relationship to you, following the pattern on the previous page.

Yo soy _____ .

1. _____ es mi padre.

2. _____

3. _____

4. _____

5. _____

6. _____

7. _____

8. _____

9. _____

10. _____

LECCIÓN 5

LECTURA R5

COMUNICACIÓN Y CARRERAS

1. Most professions today require rapid and accessible forms of communication. The "Phone Masters" advertisement suggests one form of communication. What other forms of communication bring our global relationships closer together?

   _____

   _____

2. Read the car phone ad and circle the words you recognize. Then write them below.

   _____   _____

   _____   _____

   _____   _____

   ¡CUIDADO! There are two words that do not mean what you may think; they are called *false cognates*. Write them below.

   *R*_____   *S*_____

3. Answer the following questions in Spanish according to the information given in the car phone ad.

   a. How many different telephone models are there?

   _____

   b. How many kilometers can the best model reach?

   _____

   c. How far can the intermediate model reach?

   _____

HASTA UN RADIO DE 40 KILOMETROS

¡NUEVO! Extensiones Telefónicas Rova/Pro Sin Cable

Conectan Fácilmente con tu línea telefónica

3 MODELOS PARA ESCOGER:
Modelo DX3 ....Radio de 3 Km.
Modelo DX15 ..Radio de 16-24 Km.
Modelo DX25 ....Radio de 40 Km.
Se pueden utilizar los modelos DX en su coche y de casa a casa.

Phone Masters

su completa tienda de Teléfonos
6128 Wilshire Boulevard
Los Angeles, California 90048
(213) 933-7103 Telex: 194561
ENVIAMOS A TODAS PARTES.

2. Sharing food or "breaking bread" with others is a world-wide tradition. Here you have some "broken" words. Can you put them together to name the food items in the picture?

LAS PALABRAS PARTIDAS

BOCA + DILLOS = BOCADILLOS

a. _Bocadillos_

b. _____

c. _____

d. _____

e. _____

f. _____

g. _____

h. _____

i. _____

j. _____

LECCIÓN 9

LECTURA R9

REGALOS...
¡PARA RECORDAR SIEMPRE!

SALSA/TROPICAL

WILLIE COLON
Altos Secretos

La salsa de Nueva York interpretada por la leyenda viviente de la música latina.
M1042X $7.95
M1042Y $15.95

LOS VAN VAN
Songo

Heredero del son, el songo es la nueva música bailable desarrollada por el grupo más vanguardista de la música cubana contemporánea.
M1012X $7.95
M1012Y $15.95

HANSEL
Solo

El primer álbum como solista de cantante que hiciera historia con Raúl y con la Charanga 76, confirma la rica versatilidad y sabrosura de su música.
M1052X $8.95
M1052Y $15.95

FANIA ALL STARS
Bamboleo

Una joya musical, este álbum incluye temas de Celia Cruz, Héctor Lavoe, Willie Colón y Pete "El Conde" Rodríguez, entre otros.
M1008X $7.95
M1008Y $15.95

RUBEN BLADES
Antecedentes

El más intelectual de los intérpretes del momento, la música de Blades agrega una profunda dimensión a la palabra salsa.
M1004X $8.95
M1004Y $15.95

VARIOS ARTISTAS
Los Grandes del Merengue

Una de las mejores antologías de merengue del año.
M1055X $7.95
M1055Y $15.95

CHANTELLE
Chantelle con un Toque de Clase

Este trío de cantantes puertorriqueñas interpreta el merengue a la perfección, acompañadas por una gran banda y singulares arreglos musicales.
M1056X $7.95
M1056Y $15.95

FRANKY RUIZ
Más Grande que Nunca

La voz que hizo la salsa sensual regresa con nuevos ímpetus en este álbum de salsa sólida y sabrosa.
M1049X $7.95
M1049Y $15.95

WILLIE CHIRINO
Acuarela del Caribe

El creador del sonido de Miami demuestra su gran versatilidad con este álbum que recoge todo el colorido y la alegría del trópico.
M1053X $8.95
M1053Y $15.95

LUIS ENRIQUE
Mi Mundo

Descubra el estilo que ha hecho que a este percusionista e intérprete de la canción se le conozca como un consumado dandy.
M1002X $8.95
M1002Y $15.95

YOMO TORO
Gracias

El incomparable músico jíbaro continúa su exploración de las formas del jazz contemporáneo.
M1064X $8.95
M1064Y $15.95

ELIJA SUS REGALOS DE NAVIDAD TENIENDO EN CUENTA LOS GUSTOS Y NECESIDADES DE LOS DEMAS. PERO COMPRE ARTICULOS DE CALIDAD, SIN TENER QUE GASTAR MUCHO DINERO

LINDA RONSTADT

Canciones de me Padre

La música tradicional de México alcanza nuevas alturas en la voz de esta cotizada intérprete americana, acompañada por los mejores mariachis de México.

M1018X $8.95
M1018Y $15.95

LOS GUSTOS

1. En todas partes del mundo los días de fiesta son ocasión para dar y recibir regalos. Lea el anuncio sobre los "Regalos . . ." y conteste las siguientes preguntas.

   a. ¿Cuáles son las dos consideraciones que Ud. debe tener en cuenta cuando selecciona un regalo?

   _____

   b. ¿Qué consejo (*advice*) se ofrece en el anuncio con respecto a la compra de regalos?

   _____

2. Regalar música es bastante internacional, especialmente hoy en dia, ya que mucha gente tiene grabadoras, "*walkmans*" y discos compactos. Lea el anuncio de la música que está en venta y conteste lo siguiente:

   a. ¿Cuáles son los cuatro países representados en el anuncio?

   _____

   _____

   b. ¿Cuáles son los cinco tipos de música mencionados en el anuncio?

   _____

   _____

   c. Entre toda la música presentada aquí, ¿cuál prefiere Ud.?

   _____

   _____

   d. ¿Cuál código (*code*) indica "*cassette*"? _____ ¿Disco compacto? _____

   e. Además de ser cantante, ¿qué hace Luis Enrique?

   _____

   _____

   f. Según el anuncio, ¿quién es el artista más intelectual?

   _____

   _____

   g. El jazz es una forma musical internacional. ¿Cuáles son algunos músicos (no mencionados en el anuncio) que han influido la escena mundial de esta música?

   _____

   _____

   _____

LECCIÓN 10

EXCLUSIVO DESDE LOS EE.UU.

LA NUEVA COCINA SALUD

The California Nutrition Book

Un nuevo y revolucionario libro de nutrición —The California Nutrition Book—, publicado por el médico y biólogo Paul Saltman y dos editores del *American Health*, **propone comer de todo moderadamente y ataca ciertas dietas, muchos hábitos y la típica *junk-food* de los americanos. Entérese y copie las recetas.**

The California Nutrition Book es la última palabra en alimentación, que bate records de venta y ya es libro de cabecera de millones de americanos. Publicado por el doctor Paul Saltman y los editores del American Health, Joel Gurin e Ira Mothner, amenaza con convertirse en una suerte de biblia de la nutrición, cuyos mandamientos señalan una revolución que, sin embargo, reflota viejos principios señalando nuevos rumbos. En exclusiva, presentamos lo más jugoso (viene bien el adjetivo) del texto y un recetario adaptado por Choly Berreteaga con platos que respetan las pautas alimentarias del best-seller. La nueva cocina salud no tiene desperdicios. Entérese.
● *¿Cuál es la clave de todo el libro? Enseñarnos a comer bien. ¿Y qué es comer bien?* respetar un principio básico: *comer de todo un poco, moderadamente, porque necesitamos una pequeña cantidad de cada cosa para sentirnos bien.*
● *¿Qué desaprueba?* Las dietas

que eliminan alimentos y se apegan a unos pocos, que privilegian un ingrediente por sobre otros. Desaprueba la *junk-food* —la típica comida basura de los americanos—, así como la *fast-food* —las comidas rápidas y al paso—. También rechaza cualquier tipo de dieta shock, los ayunos para bajar de peso y el morirse de hambre ingiriendo muy pocas calorías diarias.
● *¿Qué propone?* Un aprendizaje para abandonar nuestros pésimos hábitos, —gratificarse con atracones, castigarse con regímenes imposibles— y adoptar un nuevo estilo, el de la cocina salud: *variedad, calidad y proporción equilibrada de ingredientes.*
● *¿En qué se funda?* En la vuelta a *la alimentación intuitiva de la abuela* que, sin ciencia pero con sabiduría, servía diariamente una porción de cereales, otra de legumbres, una de carnes rojas y blancas, vegetales y frutas, lácteos y grasas. Una dieta completa e integral, con dosis moderadas de alcohol y de azúcar.
● *¿Qué enseña? Que lo que es verdad en nutrición no es mágico, y lo que es mágico en nutrición no es verdad.*

TODO EN UN PLATO DE COMIDA

La alimentación ideal —que existe— es la que, simplemente, organiza nutrientes y minerales en un plato de comida. Todos cumplen una función específica y su falta provoca serios trastornos. Veamos algu-

nos casos de minerales:
SODIO: Ayuda a regular la presión sanguínea, complementa el metabolismo de proteínas y carbohidratos.
Su carencia provoca pérdida del apetito, vómitos, sed.
POTASIO: Trabaja junto con el sodio para regular la presión sanguínea y transmitir impulsos nerviosos. Con el magnesio contribuye a regular funciones del corazón y también complementa el metabolismo con proteínas y carbohidratos.
Su carencia causa vómitos y diarreas, pérdida del apetito e irregularidades del ritmo cardíaco.
MAGNESIO: Favorece el desarrollo de los huesos, ayuda a regular la función del corazón, activa el sistema de enzimas y forma parte de la conversión del combustible del organismo en energía.
Su carencia ocasiona la pérdida de la tonicidad muscular, espasmos, temblores, apatía, depresión.
CALCIO: Esencial para coagulación sanguínea y para la estructura de las membranas celulares.
Su carencia provoca la pérdida de tonicidad muscular, espasmos, retarda el crecimiento y deja frágiles o deforma los huesos en los niños y provoca osteoporosis en los adultos.
FOSFORO: Promueve el desarrollo de los huesos, mejora la función celular y la conversión en energía de los combustibles orgánicos.
Su carencia causa la pérdida del apetito.

LA NUTRICIÓN

1. La buena salud mediante la nutrición apropiada es de gran importancia en todos los países del mundo. Lea el artículo "La nueva cocina" y escriba aquí los nutrientes y minerales que se deben incluir en una comida.

   a. _____   d. _____

   b. _____   e. _____

   c. _____

2. Según el artículo, ¿en qué consiste la alimentación ideal? _____
   _____

3. Según el libro mencionado en este artículo, ¿cuál adverbio se debe asociar con la costumbre
   de comer bien para tener buena salud? _____
   _____

4. Según el *California Nutrition Book,* ¿cuál es la clave de comer bien? _____
   _____

5. ¿Cuáles frases capturan la esencia del "nuevo estilo" de comer bien? _____
   _____

6. ¿A cuál miembro de la familia se le atribuye este "nuevo estilo" de comer bien? _____
   _____

7. ¿Cuáles elementos debe Ud. incluir en su dieta si quiere tener huesos fuertes? _____
   _____

8. ¿Cuáles elementos debe Ud. incluir en su dieta si quiere prevenir problemas de la presión
   sanguínea? _____

9. ¿Cuáles productores o compañías de comestibles (*food producers*) están ahora en el mercado
   internacional? (Sus nombres no se encuentran en el artículo.) _____
   _____

10. Usando como referencia su libro de texto, haga una lista de las cosas que a Ud. le gusta
    comer y otra lista de las cosas que Ud. cree que **debe** comer: _____
    _____

    Los gustos   Para la buena salud

    _____   _____

    _____   _____

    _____   _____

LECCIÓN 11

Meliá Hoteles

NOTA DE ENTREGA LAVADO Y PLANCHADO
LAUNDRY · BLANCHISSAGE · WÄSCHEREI

HOTEL ....

Nombre .... *Habitación* ....

Entregado el .... *Devuelto el* ....

SEÑORAS		DAMES	DAMENWÄSCHE	Número de Piezas	Precio por Pieza
Blusas	1. _____	Blouses	Blusen		
Bragas	2. _____	Culottes	Schlüpfer		
Camisón	3. _____	Chemise nuit	Nachthemd		
Combinación	4. _____	Combinaisons	Unterröcke		
Faldas	5. _____	Jupes	Röcke		
Jersey o Niki	6. _____	Pullover	Pullover		
Pantalones	7. _____	Pantalons	Hosen		
Pañuelos	8. _____	Mouchoirs	Taschentücher		
Pijamas	9. _____	Pyjamas	Schlafanzüge		
Sostenes	10. _____	Soutien-gorge	Büstenhalter		
Trajes	11. _____	Tailleur	Hosenanzug		
Vestidos	12. _____	Robes	Kleid		
....		....	....		
....		....	....		
CABALLEROS		**MESSIEURS**	**HERRENWÄSCHE**		
Calcetines	1. _____	Chaussettes	Socken		
Calzoncillos	2. _____	Caleçons	Unterhosen		
Camisas	3. _____	Chemises	Oberhemden		
Camisetas	4. _____	Chemisettes	Unterhemden		
Jersey o Niki	5. _____	Pullover	Pullover		
Pantalones	6. _____	Pantalons	Hosen		
Pañuelos	7. _____	Mouchoirs	Taschentücher		
Pijamas	8. _____	Pyjamas	Schlafanzüge		
Trajes	9. _____	Costumes	Anzüge		
....		....	....		
....		....	....		
....		....	....		

IMPRESOS DE SERVICIO INTERIOR

NOTAS: Cualquier reclamación, rogamos y agradecemos la haga a nuestro Servicio de Recepción que le atenderá con la mayor diligencia.

LA ROPA

1. La ropa en todas partes del mundo tiende a ser de dos clases: internacional o local (étnica). Nombre Ud. algunas prendas de vestir (*clothing items*) internacionales:

   _____

   Nombre Ud. algunas prendas de vestir típicas del mundo hispánico:

   _____

   Nombre Ud. algunas prendas de vestir típicas de otros países:

Prenda	*País*
_____	_____
_____	_____
_____	_____

2. El servicio de lavado de ropa de "Meliá Hoteles" es similar a la que se encuentra en muchos hoteles internacionales. Está escrita en varias lenguas. Lea la Nota y haga lo siguiente:

   a. Complete la información que se pide al principio de la Nota para asegurar que se le devolverá su ropa.

   _____

   b. Llene la columna que falta en inglés. (No se confunda con las palabras francesas y alemanas.)

   _____

   c. ¿Con quién debe Ud. hablar si tiene un problema con este servicio?

   _____

3. A veces cuando Ud. viaja, servicios como el de "Meliá Hoteles" no son disponibles (*available*) de inmediato. ¿Cómo puede Ud. prepararse para su viaje si estos servicios son dudosos?

   _____

   ¿Cuáles cosas puede Ud. llevar para cuidar su ropa?

   _____

LECCIÓN 12

LOS NEGOCIOS

1. International business is often conducted when there is a basis of trust derived from governmental accords or from contracts by corporations. But many corporations base their contracts on governmental restrictions and/or allowances. The *Organización de Estados Americanos* is an important entity in our hemisphere, usually designated by "OEA." What do you think its abbreviation would be in English?

_____

2. Lea el artículo sobre la OEA y conteste lo siguiente:

a. ¿Cuántos países son miembros?

_____

_____

_____

b. ¿Son todos los miembros hispano-parlantes?

_____

_____

_____

c. ¿Qué países miembros no hablan español?

_____

_____

_____

d. ¿Cuáles son dos objetivos o fines de esta organización?

(1) _____

(2) _____

AMÉRICAS 1988

La Agenda de las Américas 1988 es publicada por la Secretaría General de la Organización de los Estados Americanos.

La Organización de los Estados Americanos es el organismo regional intergubernamental más antiguo del mundo.

Son estados miembros de la Organización: Antigua y Barbuda, Argentina, el Commonwealth de las Bahamas, Barbados, Bolivia, Brasil, Chile, Colombia, Costa Rica, Cuba, el Commonwealth de Dominica, Ecuador, El Salvador, Estados Unidos, Grenada, Guatemala, Haití, Honduras, Jamaica, México, Nicaragua, Panamá, Paraguay, Perú, República Dominicana, St. Kitts y Nevis, Santa Lucía, San Vicente y las Granadinas, Suriname, Trinidad y Tobago, Uruguay, y Venezuela. (El actual gobierno de Cuba fue excluido de participar en la OEA en 1962.)

Los fines de la Organización consisten en fortalecer la paz y la seguridad del Continente, asegurar la solución pacífica de las controversias, organizar la acción solidaria en caso de agresión, procurar la solución de los problemas políticos, jurídicos y económicos que se susciten entre los estados miembros y promover, mediante la cooperación, su desarrollo económico, social y cultural.

Si desea más información sobre la OEA y sus programas, escriba al Departamento de Información Pública, Organización de los Estados Americanos, Washington, D.C. 20006, EE.UU.

3. Lea el anuncio de IBM. ¿Cuál es el consejo básico que se ofrece?

_____

_____

4. ¿Cuál es la clave para **un mejor futuro**?

_____

_____

_____

5. ¿Quién va a obtener beneficios?

_____

_____

_____

Aportar para exportar.

Hoy más que nunca, nuestro país requiere de un fuerte impulso a las exportaciones.

IBM de México, mediante su Oficina Internacional de Compras, transfiere tecnología a la industria nacional para la producción de monitores monocromáticos y apoya su exportación a las plantas existentes en E.E.U.U. y Canadá.

Estos y otros componentes electrónicos fabri-cados por proveedores mexicanos, también se distribuirán en las plantas de todo el mundo.

De esta forma, se contribuye al desarrollo de recursos humanos, al aspecto vital de la manufactura mexicana, a la generación de empleos y a la captación de divisas.

Es bueno para todos mantener este punto de vista: exportar para aportar.

IBM presente para un mejor futuro.

IBM de México, S.A.

LECCIÓN 13

LECTURA R13

¿QUÉ ES LA ETIQUETA?

Etiqueta: Pasaporte al Refinamiento

Los buenos modales son el pasaporte al gran mundo, a la seguridad en uno mismo. Para lograr ese refinamiento usted debe dominar los principios de la etiqueta. Por ese camino llegará al éxito. No se trata de un imposible. Elija usted un cambio y llame a International Etiquette School of America. Esta escuela, la primera que se dedica exclusivamente a la etiqueta y los buenos modales en el sur de la Florida, fue fundada y es dirigida por la señora Lietty Raventós de Pubillones, conocida como autoridad en la materia por su sólida formación europea.

International Etiquette School cuenta con 4 programas: Etiqueta y Trato Social, Etiqueta en los Negocios, Etiqueta para Jóvenes y Niños y Etiqueta en las Bodas. Los niños aprenden las normas de cortesía, modales en la mesa y organización de sus cuartos . . . Los jóvenes adquieren soltura para relacionarse, elegancia en el vestir, en el decir y en el actuar . . . Los adultos sabrán moverse sin inhibiciones en el campo de los negocios, en la diplomacia, en los viajes, pero también en la apreciación del arte.

Los cursos se dictan en inglés o en español, en grupos o individuales, respetándose la privacidad, si se desea. Este es el tipo de escuela que usted ha esperado por largo tiempo en la Florida. Llámenos e inicie así una etapa de superación de sí mismo. Los esperamos.

Certificados de regalo disponibles para las Navidades

INTERNATIONAL ETIQUETTE SCHOOL OF AMERICA
147 SEVILLA AVENUE, CORAL GABLES, FL. 33134
TEL. (305) 446-7776

EL FUTURO Y LA TECNOLOGÍA

1. La recepción por satélite se usa hoy día en muchas universidades de los Estados Unidos. La investigación y el estudio de los satélites junto con la exploración del espacio, son direcciones de investigación futura en muchos países. Nombre en español algunos otros países que están explorando el espacio:

   _____

   _____

2. Un gran centro de información sobre la exploración del espacio en los Estados Unidos es el Kennedy Space Center en la Florida. Este centro publica guías turísticas en español. Lea la guía y conteste:

   a. ¿Cómo se dice "*lost and found*" en español? _____

   b. ¿Adónde puede ir Ud. para obtener una silla de ruedas?

   _____

   ¿Cuánto cuesta? _____

   c. ¿Qué clase de comidas hay en el "*Lunch Pad*"?

   _____

   d. ¿Dónde pueden conseguir información los profesores respecto a los proyectos espaciales?

   _____

   e. Si su familia quiere visitar el Centro, ¿a quién puede Ud. llamar para conseguir más información?

   _____

3. Lea el chiste al pie de la página. ¿Por qué tiene humor cultural? (Explique con un párrafo breve.)

   _____

   _____

   _____

   _____

   _____

   _____

chistes...

"¡Ya era hora de que llegara! ¿Dónde está nuestra pizza?"

Country

Profiles

for his translation into Spanish of Kahlil Gibran's world famous *The Prophet*.

MORE ABOUT COSTA RICA

If Costa Ricans possess a national motto it is: "We have more teachers than soldiers, and more school buildings than barracks". The nation has one of the most progressive educational systems in the Americas with a high literacy rate of 93 percent. It is the only country in the Western Hemisphere that does not have an army.

COUNTRY PROFILE: CHILE

Paso 3

LOCATION

Located at the extreme southwestern part of South America, Chile borders to the north with Peru, to the east with Bolivia and Argentina, to the south with the South Pole and to the west with the Pacific Ocean. Because of geographical and historical reasons, Chile lays claim to some parts of Antartica.

Chile is a mountainous country, with two parallel mountain ranges which run alongside it. It is also a country of intense seismic activity and has suffered many earthquakes.

HISTORY

Before the Spanish conquest, Chile was inhabited by the Araucanian Indians who were fiercely independent warrior farmers.

In 1541 the Spanish conqueror, Pedro de Valdivia, established the first Spanish settlement in Santiago. The Araucanians valiantly resisted the Spaniards for over three centuries, and it was not until 1883, long after Chile had obtained its independence, that the Araucanians made their peace with the government of Chile and agreed to live on land grants.

The Spanish ruled Chile for more than three centuries, from 1500 to 1810 when Chileans proclaimed their independence. A year later, the first legislative body was assembled. Among the members of the legislative body was Bernardo O'Higgins, the illegitimate son of an Irish farmer. After extended wars against Spanish forces, Chilean patriots, led by O'Higgins, won the country's independence. From 1817 to 1823, O'Higgins became Chile's supreme director. Today, Bernardo O'Higgins is revered as the father of Chilean independence.

After many years of politically troubled times and wars which included party divisions as well as economic problems, in 1970, Salvador Allende Gossen was elected president, being the first democratically elected Marxist to serve as head of state in the western hemisphere. However, in 1973, armed forces staged a military coup and the bloody outcome included the killing of Allende himself. Since that time, a military junta has ruled the country.

GOVERNMENT

According to a constitution which has been in

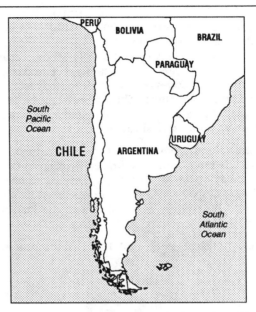

force since 1981, Chile is a unified republic. The legislature has two houses: a senate and a lower house. There are several political parties officially represented in the government. Since all government activities have been directed for several years by the military, it is expected that the face of the government will change as elected officials replace appointed ones.

PLACES TO VISIT

Over 350,000 foreign tourists come to Chile each year, many to visit the country's famous tourist resorts. Because of its natural beauty, Chile has a variety of attractions in every part of the country. Santiago is a city of cultural delights with many museums and art galleries offering exhibits that range from displays of Indian artifacts to classical paintings. In Santiago alone one can visit the *Museo de Ciencia Natural, El Museo Nacional, El Museo de Historia*, and the *Palacio de Bellas Artes*. There are also two observatories, twelve theatres, and two symphony orchestras in Chile.

HOLIDAYS

Chileans are given less to extravagant celebrations of religious holidays than other people in Spanish-speaking countries. Holy Week is celebrated only on two days, as compared with other Hispanic countries that observe the whole week. Independence holiday is celebrated by people going to parks, eating *empanadas*, drinking *chicha*, and dancing the *cueca* to guitar music. Since Christmas and New Year's Eve take place in the summer rather than winter, the activities related to these holidays are different than those in the Northern Hemisphere.

NOTES OF INTEREST

Two Chilean poets have won the Nobel Prize for Literature. In 1945 **Gabriela Mistral**, a noted educator, became the first Latin American woman to be awarded this prize. Gabriela Mistral began her career as a rural school teacher, later traveling to the United States and to Europe to study schools and teaching methods. She also served as Chilean consul in various posts. Her poetry has been translated into several languages.

Pablo Neruda, who won the Nobel Prize in 1971, was the son of a railroad worker. By his twentieth birthday he had written *Twenty Love Poems and a Song of Despair* which became a bestseller. He also served his country as a diplomat in the Far East and in Europe.

Few political leaders of the past or present approach the popularity of **Mistral** and **Neruda.** Their verses are read by primary school students and are often memorized. All Chileans honor these two cultural heroes.

Isabel Allende, author of *La casa de los espíritus,* moved to Venezuela in 1974. She has recently established herself as one of the most important contemporary Latin American writers. Her works have met with great critical success and have been translated into several languages.

MORE ABOUT CHILE

Chile has a 94% literacy rate, which is one of the highest in Latin America. As in other Spanish-speaking countries, elementary school education is free and compulsory. There are eight universities in the country.

Paso 4

LOCATION

The United States covers the central portion of North America and includes Alaska and Hawaii. It is the fourth largest country in the world. Because of its size and location, it experiences different climates and has a variety of geographical features, including large mountains, vast deserts, wide canyons, and extensive coasts. It borders on the north with Canada, on the south with Mexico, on the east with the Atlantic, and on the west with the Pacific.

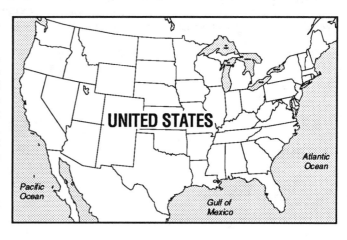

HISTORY

The United States seems to have been linked with Spanish-speaking countries from its very inception. At the beginning of the 19th century the United States bought Florida from Spain, and in 1848 it annexed the Mexican territories of Texas, New Mexico, and Alta California. The Spanish American War in 1898 resulted in the United States having control of both Cuba and Puerto Rico. By 1901, however, Cuba had drawn up its constitution and elected its first president. Puerto Rico remained occupied by the United States until 1900 when Congress established an administration in Puerto Rico, directed by their own governor. Today, Puerto Ricans are citizens of the United States, although they do not participate in presidential elections.

GOVERNMENT

The government is a federal system. Individual states hold sovereignty over their territory. Each state has its own legislature for enacting local laws. The federal government has a strong executive president, elected by an electoral college of delegates chosen to represent the people's vote in each state. The bicameral legislature has two houses: the House of Representatives, whose members serve two-year terms, and the Senate, whose members serve for four years. There is a separate judicial branch.

PLACES TO VISIT

There are many places in the United States that reflect the Spanish heritage of its Hispanic population. One of the most impressive is the system of Spanish missions, first established in 1570 in Florida. From Florida the system of missions passed to New Mexico, Texas, Arizona and California, In California the famous *Camino Real* was established by Fray Junípero Serra and other missionaries. Today we can still see and admire the architecture and appreciate the history of the Spanish missions in the United States.

In Miami, Spanish is spoken everywhere. The famous *Calle Ocho* is a Cuban neighborhood where one can find every kind of Latin American restaurant.

Many other cities in the United States, such as Los Angeles and Chicago, have large Hispanic populations. Spanish is spoken widely in these cities.

FESTIVALS

Mexicans in the United States celebrate *Cinco de Mayo* and *El dieciséis de septiembre* with big community festivals, and in New York everyone enjoys the colorful parades put on by Hispanics during *La semana de la Hispanidad*. In Miami, Florida, where half the inhabitants are Cuban, the *Calle Ocho* celebration brings all Spanish-speaking people together in a fiesta marked with parades and music.

NOTES OF INTEREST

After the United States declared its independence from the English, its main coin was the dollar. Since the dollar was not very strong at that time, businessmen preferred the Spanish coin, minted in honor of Charles V. This coin had two pillars at each side of the emperor's coat of arms, with the words: PLUS ULTRA on it. In 1785, Thomas Jefferson proposed that this coin be used as the monetary unit in the United States, and so it remained until 1857. The inscription PLUS ULTRA around the two pillars came to be known as the $ sign.

MORE ABOUT THE UNITED STATES

Today over twenty million Americans speak Spanish. Since every language is influenced by words from other languages, it is only natural that our everyday vocabulary contains some Spanish words. Some of these are: **aficionado, amigo, burro, fiesta, mosquito, piano, sombrero, taco, taxi.**

COUNTRY PROFILE: SPAIN

Paso 5

LOCATION

Spain occupies the majority of the Iberian peninsula in Europe. It is nearly as large as Nevada and Utah combined. Spain is known as the "miniature continent" because of its diverse geography, which includes forests, cold regions, mountain ranges, vast plains, rocky coastlines and sunny beaches. The rivers and mountains that crisscross Spain divide the country into many natural regions; the Pyrenees mountains form a natural border between Spain and France. Spain borders on the east and southeast with the Mediterranean; on the southwest with the Atlantic; and on the west with Portugal and the Atlantic.

HISTORY

After the fall of the Roman Empire in the early fifth century, Spain was invaded first by Germanic tribes and then by the Moors, who crossed over from North Africa in 711 A.D. In the fifteenth century, Spain was one of the largest and most powerful empires in the world. It was from Barcelona that Christopher Columbus sailed on his historic voyage to the Americas in 1492, and it was the Spanish King and Queen, Ferdinand II and Isabel I, who funded his voyage.

Spain is a land of many contrasts. Its regions differ widely in custom and tradition. Three regions, Cataluña, Galicia, and the País Vasco or Basque Country, have their own languages.

Cataluña, the wealthiest region in Spain, was a separate state in the Middle Ages. Although it was united with Spain in 1469, the Catalans struggled to retain their own identity, their language, Catalan, and their laws. Today the region boasts a dynamic economy.

The most industrialized region in Spain is the Basque country. The mysterious Basque language, Euskera, is not related to any other. Many people know the Basque country as the birthplace of the popular sport Jai Alai.

GOVERNMENT

Since 1931, when a popular revolution ended monarchical rule and King Alfonso XIII went into voluntary exile, Spain has endured turbulent times, including a bloody civil war that lasted from 1936 to 1939. General Francisco Franco and his supporters revolted against the Republican government, and at the end of the civil war, a victorious Franco was named head of state. He ruled Spain as an iron-fisted dictator for 36 years, but as he reached the end of his life, Franco chose Prince Juan Carlos, grandson of the deposed King Alfonso XIII, as his successor. Upon Franco's death in 1975, Juan Carlos assumed the throne and soon surprised the world by introducing reforms that made Spain a constitutional monarchy. Today, King Juan Carlos, Queen Sofía, and the royal family are tremendously popular with the Spanish people.

PLACES TO VISIT

Spain has much to offer the visitor. **El Prado Museum**, in Madrid, houses a world-famous art collection amassed by the royal families of Spain. El Prado boasts the world's largest collection of paintings by **Velázquez**.

El Alhambra, in Granada, is the famous hilltop palace of the Moorish kings. In the thirteenth century, Muslim architects designed a breathtaking palace in which gardens and fountains are as important as the graceful lines and unique decorations of the buildings.

In Barcelona, the spires of the famous church of **La Sagrada Familia** are decorated with ceramic pieces finished in gold, reflecting light and color everywhere as they tower in the sky. This huge, unfinished cathedral was designed by the Catalan arquitect **Antonio Gaudí**.

FESTIVALS

Spain is a country of festivals. Every region, city, and village celebrates a saint's day or moment in its history with a festival that includes brilliant decorations, music, and fireworks. One of the most famous is the week-long **Fiesta de San Fermín** in Pamplona. The festival is best known for its "running of the bulls," when the animals that are to be in each day's bullfights are run through fenced-off city streets. Men and boys run with the bulls, a dangerous exploit that has caused many to be trampled on and seriously injured by the animals. However, this world-famous tradition is repeated year after year, and is always looked forward to with great excitement.

In Valencia, the end of winter is celebrated by a great festival called **Las Fallas**. Enormous wooden and papier mâché structures are constructed in the town square and decorated with colorful explosives and small firecrackers. When lit, the explosives ignite and the fireworks explode against the night sky.

NOTES OF INTEREST

Although there are four official languages in Spain (Castilian, Catalan, Galician, and Basque), Castilian Spanish is spoken in all regions and is also the main language of business and government. Many Spaniards also speak some French, and English is becoming more and more popular, especially in the tourist areas.

Spanish is a romance language. It is derived from Latin, the language of the early Romans. In its early history Spain was part of the Roman Empire, as Britain also was. This is why both English and Spanish show the influence of Latin in many of their word roots.

Spain has given the world many artists and writers, including **Miguel de Cervantes** (1547-1616), poet, writer, soldier, prisoner, tax collector, and author of *Don Quijote de la Mancha*, considered the greatest literary work in the Spanish language.

Other famous Spanish writers include **Pedro Antonio de Alarcón** (1833-1891); **Pío Baroja** (1872-1956), a contemporary of Picasso's and the subject of one of his paintings; and **Vicente Blasco Ibáñez**, author of *The Four Horsemen of the Apocalypse* and *Blood and Sand*, works well known to English-speaking readers. **Federico García Lorca** (1898-1936), poet and playwright, was assassinated in his native Granada during the Spanish Civil War at the age of 38. His work has been translated into many languages, and his plays *Blood Wedding*, *The House of Bernarda Alba*, and *Yerma* are staged throughout the world.

MORE ABOUT SPAIN

Flamenco, a dance form accompanied by singing, guitar playing, clicking castanets and colorful costumes, is thought by many to be an inheritance from the Moors. Others think it originated from the gypsies who reached Spain around 1435. Whatever its origin, the name *flamenco* dates from the 1500s, when the Flemish courtiers of Carlos V transformed his dark and dreary royal court with clothes showing flashes of brilliant color. The name *flamenco* was then used to denote anything conspicuous or garish, such as the flamingo bird or *flamenco* dancing.

Bullfighting is considered an art form rather than a sport in Spain. Many Spaniards defend bullfighting against charges of cruelty, stating that many American sports, such as football and boxing, result in more deaths and permanent injuries than bullfighting. Bulls used in bullfights are bred to be especially fierce. Although many believe that only Spaniards can be great bullfighters, several Americans have achieved full-fledged *matador* status, earning the admiration and praise of *aficionados* everywhere.